拯救我們的自由

數位時代的起床號

彼強・莫伊尼 Bijan Moini 著
李建良 譯

獻給 李奧

他的未來　他的自由

「自由，一種通行於二十一世紀以前的意識形態，
每個人都應該可以在各種不同的選項中，
不受強制地作出決定。」

頁面「自由」
載於：Google百科全書，百科全集　　處理日期：21.02.2120, 23:55 UTC

譯者序

李建良

二〇二二年十一月二十三日，彼強・莫伊尼（Bijan Moini）博士應邀來台參加國家人權委員會與中央研究院法律學研究所合辦的「資訊科技防疫與人權挑戰」國際研討會，報告德國科技防疫人權課題，並參與圓桌論壇。我是主辦方的主人之一，因緣結識莫伊尼博士。言談中，得悉他隔（二十四）日要參加國家圖書館與歌德學院（台北）德國文化中心為其二〇一九年小說*Der Würfel*（中譯：《演算人生》）舉辦與讀者面對面對談的活動。這本書榮獲二〇二〇年 Seraph 科幻小說新人獎及二〇二〇年德國最佳德語科幻小說獎，展現莫伊尼博士在法律專業之外的文學造詣，彰顯他身為法律人藉由通俗文學反映時代議題的人權關懷。

後續電郵往返中，無意間談及他的一本小書：*Rettet die Freiheit!*，以科普散文形式表達對數位時代下人們自由逐漸受到威脅的憂心，並且提出預警與解方。這樣的警訊無疑也應該傳達給台灣讀者，爰有中譯及在台發行的構想。其間，惠蒙遠流出版公司應承此項企劃，洽談版權並負責編輯事宜，讓發想成為事實。

大凡創作著述，都有對話的對象。莫伊尼博士以德文寫作本書，基本上是訴諸德語讀者；本書的英譯本考量英語讀者，在內容上做了若干微調；我則以德文原版為主，以英譯版為輔，兼採譯註，儘可能讓本書意旨如實傳真給華語讀者。在原文轉換語境的過程中，時有難以精確掌握原文意涵的困頓，所幸經由與莫伊尼博士的直接溝通與釋疑，得以免去Traduttore、traditore（譯者，叛者）的窘境，同時身歷一趟難得的知性之旅。

譯稿完成後，荷承中研院資訊所廖弘源所長、台大國發所劉靜怡所長、中研院文哲所黃冠閔所長初閱譯文，並惠賜推薦鴻文，編校過程，復蒙實踐大學法律學系張麗卿講座教授撰文薦言，讓本書為之增色，謹致由衷謝忱。脫稿前，莫伊尼博士特地為中譯版撰寫一篇〈後記〉，補述新近發展與觀點，引領我們站在時代轉向的關鍵點，把批判與警覺的眼光投向未來，併此致上誠摯的謝意！

推薦序

科學家的能與不能

廖弘源
中央研究院資訊研究所特聘研究員兼所長

中央研究院法律所李建良所長翻譯這本名為《拯救我們的自由——數位時代的起床號》，並請我寫序。說實在的，原本是基於同事的情誼而答應，不然以我非常貧乏的人文素養，實在很想說不。我個人的專長本來就與數位轉型有密切的關係，從二〇〇〇年左右的電子化政府，二〇〇二到二〇一二年之間的「數位典藏國家型計畫」，都有親身參與的經驗。當初全力投入數位轉型的工作，一方面希望以科技幫助人類能夠過更便利的生活，另一方面也希望盡一己之力，數位化台灣具有典藏價值的文物，讓它們能被長久保存。但是，我從未思考過這些先進技術對人類可能帶來負面的衝擊。

李所長所翻譯的〈楔子〉中有一句話：「除非我們馬上行動，否則我們的生活很快就會被演算法所決定，不再是我們自己的選擇。」這句話真正打醒了我。萊特兄弟在一九〇三年發明飛行器時除了充滿對科學的熱忱外，也希望為人類帶來真正的便利。但他們萬萬沒想到飛機後來被製造成戰鬥機、轟炸機，甚至還用來載運原子彈去轟炸廣島、長崎。書中還有一段：「但是，問題不在科技本身，而是企業，它們把我們公制化，並操縱我們；……這是一種極其柔軟的轅軛，在我們毫無所感的時候，奪走了我們的尊嚴。」接續的另外一段：「為了避免上述情形，第一，我們必須洞悉我們如何因不斷追求便利而犧牲了自己的自由和尊嚴；第二，我們必須牢記我們擁有的自由何其可貴；以及，第三，我們必須找出解救自由之道，但又不必放棄數位化帶來的好處。」這些話真的點醒了身為科技人的我，也必須尊敬原著者彼強．莫伊尼能對這項近幾年才變得益發嚴重的議題，有如此深度的探討及希望喚起科技人良知的殷殷期盼。

探討這樣的議題其實是很困難的，它必須有多方考量，而且常常需腹背受敵。不過多方的探討此議題也可以讓各方瞭解其他人的想法，有討論才能讓爭議有收斂的可能。下面我舉一個在美國已爭議多年的議題為例。美國槍枝管制一直都是在濫殺事件發生之後，才一次又一次被拿出來討論。販售槍枝企業運用大量金錢遊說立法機關，希望賺更多錢。立法機關則面臨不同的壓力：執法單位如警察因為槍枝氾濫，在執法時提心吊膽，有些人會因此造成誤殺，當遭誤殺者為少數族裔或有色人種時，很容易引發暴動。住在郊區的一般百姓因為槍枝氾濫，要求火力更強的槍枝自衛，但他們也要擔心槍枝被小朋友拿出來把玩而誤傷自己或家人。立法機關代議士則夾在兩造之間，理由都聽起來非常有道理，況且常常會面臨「順了姑意，逆了嫂意」這種窘境。再看看台灣，槍枝的管制是非常嚴格的，但這對幫派份子而言卻替他們開啟一道很容易得逞的方便之門，因為一般百姓都沒有防衛能力，只能任人宰割。另一方面，幫派份子為了火拼方便或可以壓制警方的制式裝備，可以從黑市管道購買更強大的武器。如此一來，善良與邪惡之間的抗衡就越差越遠了。事實上像槍枝管制這種很弔詭的議題，從各方面看都是有道理的，但是立法者如何權衡較全面性的看法來優化最終的立法，則是有智慧的從政者需要考量的。如果只是考量會不會連任而忘記獨裁者可以一輩子貫徹自身邪惡的意念，那原本應該在民主體制底下享受自由的人們就離「自由」越來越遠了。這本書所談的非常有道理，目前的狀況是一般人民對不管是營業資料或個人隱私資料在數位時代較少被顧及。因為這個議題也是在網路興起後才顯出它的重要性。有一個開放的辯論及從各個不同的角度切入討論是急迫且需要的。

其實，彼強．莫伊尼所寫的這本書非常具有時代意義。人類常常因圖方便或眼前的利益放棄了自身應有的權利及尊嚴，而且是在不知不覺當中就範的。數位時代當然為人類帶來極大的便利，但彼強．莫伊尼這本書卻很詳細的告訴我們這些便利背後所隱藏的潛在危機及可能帶來的傷害。彼強．莫伊尼本身具有深厚的科技知識，也對人的社會有通盤了解。我相信他深知點出這些議題所必須面對的是什麼，但為了人類真正的自由及防範獨裁者濫用數位科技剝奪人類基本的權利，他挺身分析了所有的可能。他從科技面、社會面、法律面及人道面，詳細地告知我們應有的權利。讀完此書，我必須表達對他最大的敬意。當然，李所長的翻譯讓人一讀就懂也是非常重要的。

推薦序

正視人類自由的歐本海默時刻

劉靜怡 台大國家發展研究所專任教授兼所長

中央研究院法律所的李建良所長在百忙之中將這本名為《拯救我們的自由——數位時代的起床號》的小書翻譯成中文，並囑咐我撰寫序文之一。正如〈楔子〉中所說的「除非我們馬上行動，否則我們的生活很快就會被演算法所決定，不再是我們自己的選擇」，對我而言，以目前數位科技和人工智慧（簡稱ＡＩ）的發展進程來看，「我們」——作為人類集體選擇主體的我們——的確已經走到了人類自由究竟將何去何從的「歐本海默時刻」。面臨這樣的深水區，我們必須探討的議題複雜多端，甚至在探討這些議題之際，不難發現其乃是交織了不同國家和社會基於不同的經濟、政治和文化背景而產生的利益與考量，因此使得許多問題的答案選擇，變得格外棘手。就如同作者彼強．莫伊尼在這本書中所強調的，我們很可能會因為種種眼前的利益甚至便利，而放棄了人類長期以來所享有的權利和尊嚴，甚至這些權利與尊嚴是已經處於點滴消逝的狀態中，我們卻渾然不覺甚至繼續自陷危境，也正因為如此，我們需要拯救自己的自由，而彼強．莫伊尼這本小書的中譯本正是及時的起床號。

究其實際，ＡＩ這個名詞或概念並非新穎，而是早在上世紀五〇年代中期便成為科學研究甚至產業應用的重要探索對象，然而，近年來隨著技術面的快速突破與發展，ＡＩ帶給人類的影響越來越不容小覷，也促使各國政府紛紛採取國際上的集體行動，例如透過國際組織ＯＥＣＤ成立Global Partnership on Artificial Intelligence、透過Ｇ７高峰會發表宣言，甚至聯合國相關機構如ＩＧＦ、ＷＩＰＯ和ＩＴＵ等舉辦ＡＩ相關會議和活動等，探討ＡＩ所衍生的多元利益如何平衡，以及政府針對ＡＩ各種潛在風險應該採取哪些政策與作為，冀望透過這些國際間的合作與協調，起碼能夠提出正確的問題，以便有助於各種政府逐步建立有效的ＡＩ管制架構。以上這些已經出現在國際社群的努力，其實和彼強．莫伊尼這本書帶給我們的訊息非常類近：彼強．莫伊尼在這本小書中，以巧妙結合其法律背景和科技知識的敘事論理方式，提醒我們人類社會正面臨哪些由數位科技和ＡＩ所帶來的自由與權利危機，以及我們應該如何應對，尤其是應該如何作出睿智的集體選擇。

以演算法為核心的各種數位科技，為人類社會帶來想像無窮的新興應用和商業模式，在AI加持的數位資本主義或資訊資本主義社會中，不但新興階段因為科技提高個人能力的現實而隨之興起，也帶來更多憲法上的難題，甚至形成對人類整體的法治社會挑戰。如果演算法社會的發展，未能伴隨個人自由和權利的強化措施，以及更為有效的民主監督制度，那麼，不僅是人類社會將走向技術決定論並且使公民社會的影響力日益邊緣化而已，甚至，民主憲政傳統所珍視的基本價值，恐怕也將埋沒在各種華麗的科技創新口號下。因此，對我這樣一個幾十年來均以探尋和思索數位科技的憲法意涵為本業的學習者來說，眼前可說是個較諸以往更為關鍵的選擇時刻，彼強．莫伊尼這本小書毋寧是在提醒人類社會應該嚴肅正視憲法與各種私法領域之間的關係，並且思考憲法的傳統特徵如何應對演算法社會的各種新興權力形式，以及AI為言論與資訊自由、隱私與自主、民主與治理等面向所帶來的種種前所未有且嚴酷的憲法價值挑戰。

李建良所長此一翻譯作品，譯筆流暢，書末註解更是增添了這本書對中文世界讀者的可讀性。我不僅要極力推薦這本譯作，也期待這本譯作能夠為自詡為民主前線的台灣社會，帶來更多關於人類社會應該如何維護自身自由的深入討論與實際行動。

於加拿大蒙特婁GPAI Innovation Workshop旅寓

推薦序

重拾以肉身為度的思想自由

黃冠閔　中央研究院中國文哲研究所研究員

我們身處的這個時代要用什麼標籤來稱呼？人類世？數位時代？全球化？後資本主義？生命政治？無論用什麼標籤，至少都是一種對於時代的描述及診斷。描述是中性的，未必帶有價值診斷。診斷就可能意味著症狀、困難、危機。

意識到人類自己身處於什麼樣的時代，乃是歷史意識的反映，至少知道什麼是曾經在我們這個時代之前、什麼將會是來到我們之後；儘管其實並不容易明確畫出一個時代的界線何在，也不確定是否能夠將「我」歸屬到「我們」，或者，將「我們」歸屬到某一個時代。但是，我與我周遭的人們一同活著，即使多半在彼此匿名的狀態下，即使活著的時間只有錯落的重疊，但是透過文字、聲音（說話、音樂、噪音）、書籍、媒體、氣候、環境、衣食住行的共同條件，確實有一些狀況是我與人們共同分享的。

數位化、氣候變遷、基因工程可能是我們這一個時代最具共通性的命運。針對這三點提供診斷，應該也會是時代的診斷書。《拯救我們的自由》這本書便是在數位化的角度下，檢視「自由」的條件如何受到威脅，這也是重新將科學、經濟、政治綜合起來檢視的角度，從現象上凸顯出人類的共同處境。「自由受到威脅」，這就意味著，必須從緊急狀態來看待人類的共同處境；數位時代的診斷書上，出現了不少的紅字，必須積極應對。

作者彼強．莫伊尼以他身處的歐洲（尤其德國）為基準點，檢視數位時代中人工智慧、資本、右翼、國家四方面的威脅，確實反映了西歐的某一種立場與觀點。這四方面並非孤立的四方面，事實上是彼此重疊、彼此連動，讓我們更了解到，自由的條件並非單一因素所提供，相反地，是在相當錯綜複雜的情況下組合成的。僅僅點出這四個方面，並不是一種化約的態度，而是顯露出自由本身的多重條件。

數位化的技術發明本屬於科學與工程發展進程的一環，如同基因定序、基因農業在生物學上的研究，都擴大了知識、技術的範圍，促進應用的效能。人工智慧（ＡＩ）在經歷三波的技術革命也獲取了重大的進展，大數據提供ＡＩ的深度學習擴展到在多方面的應用，在效能上展現巨大的力量。屬於自由的問題則包含了依賴、控制、資本門檻的障礙。

自由關係到行動與意志，在探求是否自由的條件受到損害時，首先要問：「誰獲取自由？誰行使自由？有沒有人在自由的行使中受到損害？」當我們訝異於數位化鋪天蓋地的巨大效能與便利時，似乎在個人自己身上體會到增能的效果，以為我們的自由擴張了。這個個人會說：「我獲得更多的自由。」然而，效能與便利是有代價的，關於自由條件的評估也必須衡量有哪些代價。在「依賴」的層面上，此書提醒讀者們，數位效能的提升是以便利性來換取信賴，而信賴朝向依賴傾斜時，無形的枷鎖便逐漸被套上。ＡＩ的聰明表現在強大快速的運算能力，但是，當圖形、聲音、語言表現轉成演算的一部分時，ＡＩ的認識能力使得人們逐漸將思考、記憶的能力留給機器，也就是留給匿名的某物。一旦意識到有依賴的威脅時，也就意識到危機存在，思想自由將可能被主動地放棄。

歷史上，不乏有宗教迫害及政治言論管制的處境，尋求掙脫束縛的努力乃是自由意識的醒覺；這種努力本身就是行動，而行動預設了思想自由，亦即，個人能夠獨立思考。但是，在依賴的狀況下，思想的權利趨於消極，走到一種弔詭中：人類建構強大的演算工具，用演算取代思考，人類對此種工具的依賴使得人類反而放棄思考。這種圖像看來不免言過其實，哪一個人會輕易地放棄自己思考的權利？只要迫害的情境落在自己身上，在對抗迫害時，這個人也必定會付諸行動來保衛自己的思想自由。弔詭的另一面也就在此：聲稱保衛行動具合理性的，也是來自思想自由；一旦放棄自由地思考，也幾乎放棄了行動。簡單地說，唯有思想自由可以保衛自己的自由。面對AI這樣強大的工具時，思想自由唯一的護身符就是不放棄思考，拿起思考這種武器來護衛獨立思考。

然而，思想自由絕非只是個人私領域內的事，也絕不是停留在個人良心的自由意志內，思想自由雖然像是腦袋內的事情，但從解放所面對的迫害或管制來說，它都超出個人，也都涉及個人與群體。以在啟蒙時代所面對的政權及神權體制來說，要求對宗教異端及政治異議的寬容，便是要放寬言論檢查、思想檢查的尺度，在公共領域上容許不同的聲音、不同型態的良心。ＡＩ越普及，蒙受利益或損害的範圍就越廣，它在公共領域上所需受到的關注及討論就越必要。今日的ＡＩ已經被普遍應用到各種公共事務上，廣義來說，在公共領域內的政治行動不論是運用ＡＩ這類工具或是揭露ＡＩ對政治實踐的威脅，早已經使得數位化成為政治公共領域重要的一環。

如同政治領域是自由與權力彼此交織拉扯的場域，權力不總是以赤裸的方式進行支配，意識形態的操控融入權力的論述修辭中，促成了認知、情緒的操弄，進而左右人們行動的方向。本書所謂「右翼的威脅」，便是這一脈絡，它連動到的是奧地利、義大利、匈牙利等國極右派當選執政的現況。儘管，極權主義或激進的種族主義並非二十一世紀特有的，但透過網路的散布，在塑造真相的框架下影響人們的情感與認知，乃是舊有的意識形態找到了新的科技工具。數位化的普及，提供了新的工具，使得價值觀與認知彼此交錯的塑造方式有新的管道散布，若是有意造假而扭曲真相，進而達成操縱的目的，一般大眾很難分辨真假。這是第二序的思想自由，在資訊受到扭曲時所下的判斷，只會是片面的判斷。利用改造過的真相片段，形成一種論述環境，包圍著閱讀者、閱聽者，再以情感調動的方式來影響行動，這也是對思想自由的侵害。

國家的威脅是人們必須警醒權力的運作，尤其在龐大的數據工具被掌握在擁有巨大權力的機制手中。

在可見的身體束縛與政治衝突中，我們很容易用上「抵抗」、「爭取自由」的字眼來表達不滿的情緒，並訴諸行動。然而，權力的網羅深入到各種不可見或不經意的地方，每一種權力關係的組合對抗是自由場域的開展處。喜歡用戰爭譬喻的人或許就會將自由與權力交互作用的場域描寫為戰場，人類在身處數位化時代的高速演變中，似乎朦朧地意識到新型態的戰爭正在改變權力運作方式，也利用高耗能、高資本門檻的技術，正在打造一個從海底電纜、無線電波到太空衛星軌道的巨型網羅，人類正以行星規模將自己這一物種連同地球其他物種一齊捲入數據式的存在，在規模、尺度的級數化上展開或許始料所未及的力量拉鋸。是的！如果「戰爭」一詞過於聳動，那麼，「力量拉鋸」一詞或許溫和一些。但問題仍然在，是否施展自由的力量、抵抗的力量正在消失中？

是否有一種遠超過行動能力所能對抗的危險正在形成？

也許不必過於放大，只從身邊的事情看便可察覺某些端倪。「數位上身」是一件如今稀鬆平常的事了。手機、智慧型手錶隨手可得。交通號誌的管理經過數據運算，決定了哪時候過馬路、哪時候停下來。但是，身體同時也是檢驗自由的一個尺度。數位上身，可以是將身體從實際世界轉化為數據配置的一種表現，也可以是將身體當作是測距儀，衡量從思想到行動之間自由如何展布的方式。我們的身體時時暴露在數位時代的監控中，也樣樣變成各類數據的一項。不只我們人類的身體如此，動植物的身體也如此，地球的身體（作為一種隱喻）也如此。數位化、數據化之餘，身體還剩下什麼？所剩的豈不就是以肉身為度的思想武器。一旦身體消融在虛擬化的世界中，不再黏附在身體上、透過身體表達的思想，可能只是漂浮的意識斷片。

作者也具體地從他身邊可以提出的方案來「拯救自由」，我們也看到各種納入規範的可能性：管制經濟的資本集中、打破權力集中、禁止自動生成的推薦、將網路科技企業信託、管制演算法、節制國家權力、監控所有的人工智慧開發、擬定安全法案、保存開放空間等等。這些具有規範性的方案是否沒有彼此矛盾、是否訴求不確定的我們？都值得更細緻的在地經驗來討論。但重新回到社會自由、政治自由的規範性來思考，則是頗有必要性。回到自由的肉身性條件來考慮規範性，這仍舊是一條必須嚴肅面對的道路。正因為身體都落在具體空間場所中，自由的呼吸、自由的聆聽觀看，也都是在有所限定的時空中，從在地經驗所構築的公共領域也必須正視肉身的脆弱性。超越過此一肉身條件的普遍規範性很容易落入「大者恆大、強者發言」的化約狀態。肉身的脆弱性更容易注意到不平等的傾斜，也更容易注意到工具理性外的價值理性。

以上是我在閱讀《拯救我們的自由》後的一些零星聯想。讀者在親身閱讀時，應該會有更豐富的收穫。

中研院法律所李建良所長在百忙之中特別費力翻譯此本小書，可謂別有寄寓；書末所附的註解也說明了此翻譯的嚴謹態度，為讀者補充許多背景說明。建良兄的譯筆務求順暢可讀，我讀來毫不費力，但字裡行間總是可以讀到迫切的警訊。這本書是來自遠方的警鐘，聽到並且理解時，也會喚起更多人投身護衛我們這一時代的自由條件。

推薦序

生而自由，行於枷鎖之間

張麗卿
實踐大學法律學系講座教授

十八世紀的啟蒙思想家盧梭（Jean-Jacques Rousseau）說：「人生而自由，卻無時不在枷鎖之中。」這話本是針對宗教與政治的威權而發，但是，竟然也巧妙的指向現代。國家的粗暴威權已經受到法律的約束，這是自由主義精神的展現。自由主義的核心是：「以法律限制政府對權力的運用，再偉大的政治權威，都必須在法律之前低頭。」然而，數位科技卻給了國家侵犯自由的另一種機會或管道。作者提到：只憑著旅客資料中的飛航行為，我們就可能成為「嫌疑犯」、警察可以從公共資源及整個網際網路中肉搜一個人、數位安全國家對我們的威脅，猶甚於數位資本主義。盧梭的話可以應驗於現代。

數位科技對我們心靈自由的考驗，更勝於從前。表面看，我們都得到了自由。實際上，我們無法擺脫數位科技對我們自由的干擾。想要擺脫干擾，除了內在穩定之外，也需要生活條件的單純。現代的社會條件複雜，不受干擾的生活幾乎不可得。

科技即使是中性的，也會壓迫自由。自由的核心就是可以選擇，但當一個人因為科技進步而無法選擇，他就很難享有完整的自由。作者強調：「現在最艱困的戰役，將會是……對抗我們自己的易受操控性。」

我們總以為自己崇尚自由，其實總是不自覺的被牽著鼻子走。作者這些話已經在警示，現代人的心靈自由正在遭受嚴厲考驗。

數位時代對於自由的侵擾，將會越來越大。作者指證歷歷，右翼使用數位科技帶來可怕的影響。甚至表示：「為了讓訊息轉發給更多的受眾，右翼民粹主義者會巧妙地利用傳統及社群媒體的義憤機制，此舉算得上是無恥之尤。」還稱：「在如此群情激憤之下，人們的決定不再自由，而且也不是為了自己的利益。」作者所要表達的就是，數位時代的媒體受到濫用，一方面扭曲了個人決定的自由，轉而造成他人外部的自由受到嚴重攻擊。

作者在撰寫這本書時，生成式ＡＩ尚未問世，所以沒有觸及生成式ＡＩ在各個領域運用上的更複雜問題。儘管如此，他的才氣與視野已經讓人讚嘆不已。二〇二〇年作者指出的問題，到目前為止仍然沒有解決。生成式ＡＩ出現之後，幾年前指出的問題更嚴重，而且處理上更棘手。令人不得不佩服作者，真有先見之明。

作者彼強・莫伊尼既是一位人權運動者，同時也是優秀的文學家，陸續有小說發表。他的觸角很開闊，筆尖鋒銳流暢，筆下帶著激奮，尤其是對於極右派的不滿。李建良所長的翻譯極為優雅順暢，毫無轉譯文字的艱澀，令人讚嘆。翻譯是一種再創造，譯者必須精熟兩種語言，甚至融通兩個文化傳統。李所長的法學功底渾厚，文筆細膩，文字功底極佳，所以發表的論述容易讓人親近，有口皆碑。

李所長翻譯的這本書，值得法律人詳讀，反思當代法制如何因應數位時代的發展；更值得科技人閱讀，認知須以自由靈魂看穿數位時代的真相。我也極力推薦給所有關心自由、人權等議題的人。數位科技對於人類社會的影響，是全面的，不因個人意願、專業或國籍而有差別。如何在數位時代保有自由與美好，是我們必須共同探索的重要課題。

導讀

一記刺耳的警鐘

李建良

We are all just prisoners here, of our own device.

The Eagles "Hotel California", 1977

科技是中立的。刀子可以切蘋果，也可以殺人；飛機可以載我們去度假，也可以用來打戰；一台收音機可以放送音樂，也可以散播仇恨訊息。

這段稀鬆平常的道理，構成《拯救我們的自由》這本小書的核心旨趣，貫穿全書，作者──一名人權行動者──所見所思亦由此展開。誠如北德廣播電視台（NDR）記者兼製作人克里斯托夫・邦加茲（Christoph Bungartz）給這本書的評語：「問題不在科技，而是行動者的利益：彼強・莫伊尼殷切地向我們展示數位化之下潛藏的真正危險。」

稱其為「小書」，說的是篇幅（原文八十二頁），綜觀內容，演繹細微、意蘊深遠，對於寄寓數位空間的人們來說，作者提供了反芻養分，值得咀嚼再三。

「我思，故我在」，表達了人類存在的基本哲理，同時也反襯出人類主觀意志受制於客觀環境的艱難處境，自古而然，於今尤是。本書敘說「人」（自我／另我）與「環境」（數位／虛實）之間的互動關係，探究的正是主觀與客觀的辯證，讓我們對「人的處境」有新的視野與想像，共同思考人類亙古通今的永恆課題。

作者以ＡＩ、資本主義、右翼民粹、安全國家等多重角度，透過淺白的文字，引證事件與數據，娓娓鋪述數位時代下自由受到攻擊的危殆情境，讓讀者理性地認知當今數位社會的決斷失真與權力失衡，更兼以巧妙的譬喻、發人省思的橋段，引領讀者思考複雜的法律問題，叩響讀者心中的警鈴。比如說：「因為沒有人會要求騎腳踏車的人乾脆走路，只因為害怕騎腳踏車被卡車撞到」（頁一二五）、「我們不會只因為毒品在若干公共停車場販售，就關閉所有的公共停車場，同樣地，對於虛擬空間的管制，亦應如此」（頁一四八）、「我們的後代可能會在動物園裡出生，愚昧，但是舒適；在無形高度智慧不間斷地監視之下，過著被無微不至的照顧、享受著各種娛樂，受保護免於遭遇任何逆境的生活，除此之外，一無所知」（頁一五四）。

全書敘事主軸有三：何以自由如此重要？自由受到何種威脅？我們如何拯救自由？整體而言，思維取向可化約為三：觀念、機制與抉擇；來回交錯於文本之間的關鍵元素則是data。

觀念

本書定名：《拯救我們的自由》，自由自是核心焦點，但作者不作自由系譜的學理鋪述，也不在積極或消極自由的理論辯證中打轉，而是直接訴諸我們的生活經驗，如「每個人都有過自己作決定而感到振奮的經驗」（頁一一八）；或是引用數據或研究報告，展示「自由讓人幸福」（頁一一八）、「光是相信自由，也會提升幸福感」、「在我們生命中，最受拘束的是：經濟負擔、工作壓力，以及對子女的責任」（頁一一九）；又或者回到過去，喚醒讀者的歷史記憶，因為沒有「許許多多為了自由而戰鬥的人們」（頁一一五），我們今天不會享有自由；自由的可貴不在於與生俱來，而在乎是否擁有自由或得而復失。

自由是某種我們視為理所當然的東西，可以被裝載各種的政治訴求或社會需要，或被賦予無窮的意涵，似乎無所不在、感覺一直都在。但是作者讓我們知道觀諸世界各地，並不是每個人都能夠自由地生活，而且進入數位時代之後，人們的自由可能正在遞減之中。

作者引用哲學家漢娜．鄂蘭freedom to be free的觀念，主張我們要有「免於需求的自由」，強調這是一種「作自己的自由」。因為，「科技創造需求」（頁一二四）！我們之所以需要網際網路，那是因為網際網路存在，而且因為每個人都在使用，迫使我們在不知不覺中給出我們的資料來滿足企業的需索，以個人的自由為代價，享受數位世界的自由卻不由自主。如果我們不欲放棄數位帶來的便利，又想要保有我們的自由，該怎麼做？

自由涉及的是個人的自主決定，卻又不是那麼純然的一己之事，因為人是群居的動物。作者從AI、資本、右翼、國家四個面向，探討自由如何受到攻擊，指出我們可能看不見或視而不見的盲區，彰顯出自由的問題往往是系統性及制度性的關聯課題。在人類歷史發展的進程中，個人面對或身處於科技介面、市場消費、政治競逐、國家權力支配範疇，自由的面貌與問題面向各有不同；而在「科技／人」、「商業／資本」、「政治／權力」加總串連之下，其變幻程度猶有過之。尤其當權力機器肆無忌憚地對特定族群進行身體、行動乃至於思想的全面箝制時，個人面對的是國家權力壓迫與數位巨擘剝削的雙重夾擊。如果不設法有意識地反制，找到出路，自由的訊息即可能被整個系統輾壓而徹底消音。作者站在自由的位置，透過「我們自由受到威脅程度之大，遠勝於過去」，設法告訴我們那些人、這些事！

機制

觀念上，自由無疑可能在數位時代受到更多的攻擊或操控，但如何攻擊或操控，則涉及方法或工具的問題。同樣地，自由誠可貴，但如何反制攻擊，防範未然或除患於已然，也是方法或機制的問題。

承接上述「問題不在科技，而是行動者的利益」的論旨，「**工具的中立性與目的的主觀性**」是明辨並思索自由受危處境的基本前提。「資本主義不是中立的，它觸發並且索求我們最好與最壞的一面」（頁七八），一語道破數位時代下人的處境。數位科技發展所形成的各種工具，基本上是價值中立的，但是「有特定目的之工具」，其與惡或善的距離，端視使用者的意圖與目的，而對其慣用手法的認識，則是尋求破解之道的基本功課：

ＡＩ之所以對我們的自由構成威脅，乃因我們在數位空間的一舉一動，ＡＩ都可以如實掌握，並且極其準確地產製出我們的人格圖像；我們在演算法所營造的虛擬空間中自願或非自願地被轉化成「數位另我」，以致於作決定的不再是我們自己，而是別人……

資本家靠著推薦產品大賺其錢，方法是以演算法分析我們的偏好，再進行精準的廣告投放；更大的危險是把ＡＩ用在商業目的以外，例如透過經剪裁的個人化資訊，操縱中間選民的投票意向……

右翼民粹主義者擅長操弄社群媒體，透過ＰＯ文直接訴諸選民，再經由轉貼傳給更多的受眾、全球串連……

數位安全國家對我們自由的威脅，猶甚於數位資本主義，假安全之名，建立撲天蓋地的監測網，只要腦袋裡想著犯罪的人，都有可能因此而聲名狼籍，甚至失去自由……

以其人之道，還治其人！如何反制？作者提出的法律解方，諸如：對經濟進行管制、打破權力的集中、禁止自動生成的推薦、把IT企業轉換為資料受託人、管制演算法、資料的匿名化等，乃至於系統性的制度改革，例如安全法案的總量管制、比例代表選舉制度的建立與鞏固等，基本上都是面對攻擊，如應斯響，餘音未絕。

抉擇

防弊法制的建構，奠基在既不放棄使用數位，又要設法保有自由的制度抉擇之上。但制度選擇並不是真空虛擬空間中的假設性思想實驗，而是關乎實體社會公平正義的實踐機制。網路世界可以異於原生社會，卻不能脫離實然社會的群己關係。因此，《拯救我們的自由》不是去制度脈絡的離線思維，因為在自由民主法治國家中思索自由，迥異於置身於極權專制體制之中，也因此數位時代的自由課題，必然是價值選擇的問題。

儘管「願望與現實世界之間，往往存有相當大的差距」（頁一四〇），但民主是本書作者的選擇，同時也應該是我們的抉擇所向。作者強調「民主需要空間，需要討論、交換資訊及個人自由發展人格的空間，特別是讓不為多數所接受的行為或意見可以表現、又不虞被處罰的空間……」（頁一四六～一四七）。民主的實質元素是人民，人民的意志有賴客觀的法治予以依附與實踐。假設人民是自由的，在民主制度之下，人民的主觀意志必須透過一定的機制，方能凝聚，轉換成客觀的規範，民主社會及國家才能運作。民主制度不預設價值，而是留下定義價值的空間，民主不保障品質，沒有防止脫軌的掣器，但民主的韌性亦在此，決諸人民的（不）自覺與（不）自決。

預／寓言

本書的扉頁有一段文字，標記處理日期：21.02.2120, 23:55 UTC：

「自由，一種通行於二十一世紀以前的意識形態，每個人都應該可以在各種不同的選項中，不受強制地作出決定。」

這不是預告自由之死，而是隱喻寓示，如果我們不有所行動，百年之後，自由行將消逝。

結尾作者引用喬治．歐威爾的話，想要表達的是：「說別人不想聽的話，是我們共同的責任」，因為揭露集體事不關己的冷漠，方足以避免邪惡與死亡的蔓延！

很多人都知道，應該要對自己的資料有高度的敏感度，妥善處理個人的資料，或至少理解到為什麼如此地重要，但是對於「掛在線上生活」的人們來說，有多少人真的在意自己的個資被利用（剝削或操控）？是否警覺到數位革命正在翻轉我們的價值觀念及其優先順序的視界？

一七八四年，康德在〈答問：什麼是啟蒙？〉（Beantwortung der Frage: Was ist Aufklärung?）一文中有句箴言：「啟蒙就是人類要從咎由自取的心智未成年中走出來。……何以咎由自取？問題不在沒有智識，而是欠缺運用自己智識的決斷與勇氣……。」自甘放棄自由，是數位時代一項令人警覺的議題，作者為我們吹起了起床號，清楚地描述我們的自由所面臨的處境，分享自由的重要性與價值觀，呼籲採取保護自由的具體行動，訴求的對象不只有政治決策者，而是我們每一個人。如果我們不當心一點，自由可能就會溜走，而且是咎由自取，因為我們的疏忽而坐實了悲劇。

《拯救我們的自由》猶如一記刺耳的響鐘，寄望我們在不釋卷的當下，起而力行，在為時已晚之前。

拯救我們的自由

數位時代的起床號

目錄

楔子

數位時代，人們可以絕妙地快速驅動，線上購物、Facebook、Netflix、維基百科、線上遊戲、Twitter，還有更多更多，多完美的生活啊！身寓其中，我們享受所有的自由，任何事情的安排皆可依我所好。無論如何，我們讓自己如此地相信。實際上，我們是被科技驅使的，無時不刻檢視智慧手錶顯示的脈搏、按照旅館評分決定我們的去路、一有動靜就抓起智慧手機，還有讓自己迷失在YouTube影音的漩渦裡。這是一種系統，一種帶有強力吊鉤的系統，慢慢地把我們掛在上面，不得自由。

除非我們馬上行動，否則我們的生活很快就會被演算法所決定，不再是我們自己的選擇。

但是，問題不在科技本身，而是企業，它們把我們公制化，並操縱我們；還有右翼民粹份子，不是欺騙我們，就是恫嚇我們；再加上國家，正在監控我們，推定我們有罪，直到自證無罪為止。眾此三者全都把轅軛套在我們的脖子上，同時滿足我們尋歡作樂、宣洩憎恨，乃至渴望安全的需求。這是一種極其柔軟的轅軛，在我們毫無所感的時候，奪走了我們的尊嚴。

不過，我們還是可以阻止演算法大祭司讓人性又再次墮入新的中世紀時期——這次不是屈從於宗教，而是臣服於超能的機器。

為了避免上述情形，第一，我們必須洞悉我們如何因不斷追求便利而犧牲了自己的自由和尊嚴；第二，我們必須牢記我們擁有的自由何其可貴；以及，第三，我們必須找出解救自由之道，但又不必放棄數位化帶來的好處。

是的，這是有可能的：在一個數位的未來，我們可以自由地、自主地、享有尊嚴的生活。為達此目標，政治部門，還有我們個人都必須有所行動。

1

我們自由受到威脅程度之大，遠勝於過去

吾輩祖先過往長期受到飢餓、疾病、戰爭以及天然災害的支配，主宰他們想法的是上帝和君主。直到若干世紀以前，人們才用自己的力量決定自己的命運。先是美洲新大陸的革命，隨之法國大革命，以迄俄國的革命，打破了來自宗教及君主的束縛，取而代之的是理性與人民自我支配；而更重要的是，此番變遷把個人置於思維的中心。自此之後，不再是高高在上的權力，而是我們自己決定我們自己的生活。

市民階級加上從教會信條解放出來的科學，帶領我們進入人類歷史中的三次工業革命：機械化、大量生產，以及資訊科技。每一個階段都帶來了巨變，並且重塑權力關係：智慧取代勞動、機器取代人力、工業資本家取代貴族、智慧財產權取代實體財產權。於今，隨著數位化，我們已然進入了第四次工業革命。

幾乎所有的事情都正在轉換成數位形式，並且網網相連。在自家中、在車上、在辦公室裡、在科研、文化及媒體領域。數位化許諾我們比較健康的生活、更舒適的移動方式，還有更多的安全，甚至讓我們在不需任何條件的情況下，就能取得基本的收入。

但是，科技在解決問題的同時，經常也製造新的問題。截至目前為止，最大的受害者是氣候，而下一個可能就是我們的自由。為了讓我們的夢想成真——人們如此告訴我們——我們必須被數位化。國家和企業的資料庫為我們創造出數位的另一個自我（數位另我）[1]，但是我們無法決定是否融入這個另我。

在這個節骨眼上，當我們的腎上腺素太高的時候，不會有指示燈亮起，如果我們處在不好的情緒狀態，也不會有訊號警告我們的周遭環境。但是，我們在數位世界中的種種互動，卻早就被記錄、儲存、分析，並且利用。

這讓我們變得易受傷害。預測我們的行為並誘惑我們的企業，賴此維生。眾所皆知，最強的玩家代表是：Google、Facebook、Amazon，他們早已學會如何在巨型資料倉儲裡淘金。人工智慧（AI）[2]是他們最精巧的篩洗器。透過推薦更多的影音及新聞來擷取我們的注意力，AI讓企業可以收集到更多的資料。第三方也逐漸知道如何把這些資料化為己用，其中無恥至極的是新極右派民粹主義者的興風作浪，這群人比任何人都善於利用Facebook、Twitter等平台來散布足以危害自由的詭辯話術。國家不去防堵這樣的事情發生，反而自己忙著以安全之名來丈量我們、預判我們。幾乎每個人都被國家記錄、分類，而越來越多的是透過演算法。

現行法律要應付這些危及我們日常行動自由及思考的威脅，尚有不足。因此當我們驚豔於新興技術的奇蹟時，必須為我們的自由感到憂心，因為我們的自由正被資本家、右翼民粹主義者及安全國家[3]置入強力的數位軋布機[4]中，能夠容身其中者，唯有極其光滑且透明之人。

基本權利保障我們的自由但無法讓我們免於被操控

過去有好長的一段時間，享有自由者，僅貴族菁英，也就是部落首領、教士和君主、莊園主，以及企業家。歷經相當長的時間之後，人們才廢除了奴隸及農奴制度，並且建立法治國家與基本權利。然而，直到今天，並不是每個地方都如此成功地轉型。儘管如此，相較於過去，今日人們大部分是自由的——但不是自由地為所欲為，而是免於受制於他人的意志。拜此種個人自由之賜，我們可以公開地表達並主張我們的利益。我們可以作自己，說我們所思、所信、所愛，以及我們想要的人與事。我們可以觀賞、閱讀及聆聽我們喜歡的東西。

此種個人化的自由受到基本自由權利的保障，主要是用來對抗國家的防禦權。國家不得剝奪我們的生命或傷害我們，不得限制我們的宗教活動或禁止我們發表言論，不得染指我們的財產權或拘束我們選擇職業的自由——除非有如此做的正當理由，而且干預我們的權利必須比例合度。不僅如此，國家負有保護我們基本權利免於遭受私人或企業侵犯的義務。這也是為什麼當有人攻擊我們的時候，警察必須應我們的要求介入，而這同時也是為什麼國家不能把核能電廠之類的危險性科技任由私人企業運作，而不設定確保科技安全的規則。

這些基本自由權利受到國家憲法的保障，例如英國《權利法案》、美國憲法修正案前十條或德國《基本法》，以及許許多多的國際條約，如《歐洲聯盟基本權利憲章》、歐洲《人權公約》。歸功於權利有效救濟之保障，我們可以向國內的法院提起訴訟，並且上達德國的聯邦憲法法院，在美國則是聯邦最高法院，或是進一步向史特拉斯堡的歐洲人權法院，以及位於盧森堡的歐洲聯盟法院提訴。

以上所述，唯有當掌握物理性國家權力之人——行政機關、警察、軍隊——同樣亦尊重我們的權利以及法院的裁判時，方有意義。

不過，行使權利的前提條件是，我們在另一層意義下也是自由的。對於真正的自由來說，尊重人民的自由是必要條件，但不是充分條件，我們還需有自由（作主）的自由[5]，依哲學家漢娜·鄂蘭（Hannah Arendt）[6]之見，就是免於需求的自由[7]。

在數位時代中，自由作主的自由甚至更為重要，這意味的是，我們要有形成自己意志的能力，要有免於被操控的能力。

此一面向的自由——在我們毫無知覺之際——持續地受到來自不同角落的猛烈攻擊，導致我們的自由正逐漸崩解之中。

來自AI的攻擊

資訊科技（IT）[8]的發展極為快速，光是這幾十年來，就有長足的進展，從第二次世界大戰期間加密訊息的解譯，以迄同步的數位翻譯，這番進展的步伐正呈等比級數般地加速。儲存量能變得越來越大、處理程序越來越快，軟體程式益形複雜。摩爾定律：數位處理能力，約每隔兩年便會增加一倍，至今依然成立。

資訊科技成就的事物，沒人想要錯失。受惠於我們的智慧手機，在口袋裡，我們隨時備有電話、導航、照相機、銀行櫃員、信箱、遊戲，乃至於整個網際網路。只要幾下的滑動和點擊，我們就可以觀賞我們喜歡的電影、逛街購物，或者點餐。我們可以隨時隨地接觸我們所愛的人，參與陌生人的生活，或者與想法相近的人們透過社群媒體進行網路互連。沒有資訊科技的進步，醫學不可能如此快速地發展，工程及藝術沒法如此大幅度地進階；法律事務所可能還要運用龐大的人力，在紙本藏書的圖書館中搜尋案件所需要的相關資料；公司行號可能還要靠紙本記帳；樂隊可能仍需耗費龐大金錢在錄音室裡錄製首發歌曲；飛航可能比較沒有那麼安全；在家自己料理晚餐花費可能較大。

不過，以上情形都比不過ＡＩ已經在做的，還有未來會做的事情。隨著所有事物都被數位化之後，未來似乎沒有什麼問題不是依靠ＡＩ來解決。但是，ＡＩ到底是如何運作？又能做什麼？

AI只能偵測模式——AI可以偵測模式！

AI才剛學會走路，引起的騷動就已經遍及各個角落：自駕車正在革命性地改變交通營運模式；智慧手錶正在革命性地改變醫療體系；資料分析和臉部辨識軟體正在革命性地改變警察勤務；YouTube與Netflix正在革命性地改變娛樂消費行為；Amazon正在革命性地改變人們的購物模式；Google正在革命性地改變人們找資訊的方法；Facebook正在革命性地改變人們相互溝通的模式。

整體來說，AI正在扮演一種持續生成的角色，但其實沒特別的聰明：AI無法設定自己的目標；只能一次處理一件工作；每做一件事，幾乎都需要人類的指令。不過，在識別模式方面——如果有足夠的數據及電腦運算能量——AI無敵，遠勝於人類。這聽起來似乎有點老生常談，實際上會有無可想像的後果。ＡＩ驅動的軟體可以辨識動物、物件，以及手寫筆跡的照片；可以從點擊模式及眼球移動偵測到興趣與意向。一次又一次，它擊敗了世界上最厲害的頂尖高手，包括棋士、亞洲的遊戲平台Go[9]，還有撲克牌手。

凡此皆有可能，乃因今日的電腦可以在極短的時間內快速地處理大量的數據，並且從中學習（機器學習）。過去，人類必須先定義規則，然後電腦再據以運作。今日，拜ＡＩ之賜，機器自己學習規則。像我們人類一樣在學習，只不過速度比我們更快且更精準。為了較清楚地描述此種情境，我們設想有一位父親要教他的小孩「什麼是一隻貓」，他不會說：「一隻貓是一隻有四隻腳的生物，身上有毛，有一個尾巴，在牠嘴邊有長長的鬍鬚，會發出『喵叫』的聲音」，而是會直接指著一隻貓，並且說：「這是一隻貓」，然後儘可能地複述相同的動作。當他的小孩在公園裡指著一隻狗或在動物園裡對著一隻美洲獅說，這是「一隻貓」的時候，父親會立刻糾正。新的連結會在小孩們的大腦裡形成，一直到理解什麼是一隻貓的長相為止。自此之後，只要小孩看到一隻貓，特定的腦神經元就會發生作用，並且正確地啟動訊號：這是「一隻貓」。

機器學習的運作也是類此方式。人類在無數的照片及影片上標示出貓，並且以此訓練軟體，這套軟體被置入一套仿人腦的神經網絡。在某些方面，幾乎每個人都曾經幫忙訓練ＡＩ。例如，在解決所謂驗證碼[10]的問題時，我們透過標識交通號誌或車輛或辨識門牌號碼來證明我們是人類。被用來訓練的數據集[11]越大，機器從不熟悉的照片中辨識出物件的可靠度就越高。這也就是為什麼巨量資料（大數據）如此地有價值，以及為什麼科技直到今日才如此快速地擴展躍進。今天的ＡＩ就是這樣——不多、也不少，剛剛好而已。在許許多多的領域，企業和政府越來越仰賴ＡＩ。畢竟，科技許諾的是，任何任務皆可以依循一套規則，快速、可靠、中立，並且無間斷地遂行。

實際上，確實也不乏一些這樣的規則。

ＡＩ的許諾：無憂無慮的生活

拜ＡＩ之賜，智慧型手機語音助理聽得懂我們的口語指令，電腦程式同步翻譯文字，Legal-Tech（法律科技）[12]軟體從複雜的契約書中找出關鍵的條款。ＡＩ決定我們什麼時候、看到什麼線上廣告，還有它的呈現方式。ＡＩ決定我們支付飛航的價格，根據日期、訂位時間，以及使用的載具。ＡＩ教導機器人如何跑步，還有嗅覺，ＡＩ甚至已經可以讀心了。

警察使用ＡＩ來預測闖空門（預測性之警察勤務）[13]。二〇一八年夏天之前的一段期間，德國警方在柏林南十字車站[14]測試智慧監視錄影器的功能，它被設計用來即時辨識記錄有案之「潛在威脅者」的臉部。執法機關也正在使用演算法分析所有國際航班旅客的資料，以識別出未來可能犯罪之人。

ＡＩ協助醫療院所偵測特定癌症，例如透過Ｘ光及掃描，以及預測住院病患的健康狀況是否會惡化，例如急性腎衰竭。ＡＩ已經可以診斷出單核白血球增多症、腦膜炎，還有醫師不易診斷的若干罕見疾病。在一些案例中，ＡＩ似乎可以透過Ｘ光預知死亡的可能日期。ＡＩ還會使ＤＮＡ分析更容易且更有效率，對於病患客製化治療的發展將有所助益。

此外，經由比對人為疏誤所生的事故，自動駕駛的車輛可以保護我們的健康，降低傷害與死亡的發生。這些自駕車運用ＡＩ以攝影設備偵測交通號誌、人群與障礙物。全自動化的交通系統預期可以預防交通事故的發生，減緩對環境的衝擊，讓我們免於塞車，甚至可能比較划算。

就連在找生活伴侶方面，AI也已派上用場。藉AI之助，約會應用程式建議跟誰在一起比較合適；針對其他嗜好相同的使用者，分析其選擇意向；或者為吸引力值相近的人進行配對。還有更進一步的：二〇一八年，一位寂寞的日本男人在四十位賓客前迎娶了一名人造流行偶像，初音未來[15]，一套人工虛擬的內建歌聲。此外，在日本，機器人作為對話伴侶用於老年照護，部分成效甚佳，也要歸功於AI。

以上事例部分顯示AI具有令人振奮的潛力：讓人類的工作成為多餘，像是AI找出罪犯、偵測疾病、駕駛車輛、提供伴侶、照顧老人等等，不勝枚舉——我們何不坐看機器替我們工作，享受我們在地球的有限時間？我們是否正往直通極樂天堂之路？

不，我們不會的！

AI的問題：AI威脅我們的自由

每個人都有祕密——某些發生在我們身上的事情、我們後悔做過的行動、一些只保留給自己的想法。不是每個人都願意讓世界知道這些事情，更不要說細節。但是在數位時代，這已經變得越來越困難了。單是從我們如何在數位空間的活動——我們在那裡花了多少時間，我們在什麼地方停留，我們在跟誰溝通——AI可以極其準確地產製出我們的人格圖像。此外，AI已經可以從我們的臉部表情讀出我們的感覺；很快地，它也會讀懂我們在思考什麼。

只是，當我們隨時被暗中監視的時候，當我們的興趣、行為舉止以及感覺——甚至是我們的思想——被儲存、分析並評價的時候，當我們最內在的自我，以及我們未來的行止，越來越可能被正確地推測預知的時候，我們可能會失去一些東西，這些東西很難捕捉，也許是因為以前從來沒有受到威脅。

德國聯邦憲法法院在審理其第一宗有關數位化案件時，就曾處理過這樣的問題。一九八三年，憲法法院針對全國性人口普查電子處理個人資料的問題作出判決。由於德國《基本法》以往及現在都沒有限制資料處理的明文規定，於是憲法法院創設了一項新的基本權利，初讀起來有點饒口，再多看一眼則一針見血：資訊自決權[16]，保障個人自主決定，是否揭露及如何利用其個人資料的權利。自決是人性尊嚴所必要，誠如德國《基本法》第一條所保障的。

只不過，在數位世界中，作決定的不是我們，而是別人。我們在數位空間裡說的、做的，哪怕只是想的每一件事，都被轉化成我們的數位另我。我們是分裂的，只對我們的物理部分掌有主權，精神部分則服膺於數位君主。我們從有尊嚴的主體降格為可被支配的客體。主體行動自如，客體則被交易。

此種交易越來越趨興盛，因為數位世界正逐漸排擠實體世界，取而代之。在數位化的世界中，重要的只有我們的另我，我們必須將就於數位世界供給另我的服務和產品、搜尋結果和約會建議，還有新聞及歌曲。如果我們的數位自我被認定具有危險性，就會有警察找上門來。決定的作成取決於演算法，對其聲明異議是不可能的——如果連程式設計師自己也不再能夠理解演算法是如何作出決定，我們又如何能夠對演算法提出異議？

更糟的是，當我們喪失自我決定的**可能性**時，很快地，我們也會失去自我決定的**能力**，從而喪失我們的自信。

過去，很少人會遵從導航的指示。剛問世的ＧＰＳ可能會引導我們進到死巷，不能辨識單行道，也無法可靠地定位我們。因此，紙本地圖總會時時放在汽車前座的置物箱裡。然而，曾幾何時，ＧＰＳ技術的運作越來越準確，以致於我們寧願聽從它的指示，而不是我們的副駕駛。今天，我們甚至不再相信我們自己的方向感。

過去，我們相信上帝會為我們指引道路，然後相信我們自己的智性，現在則是相信導航。這種趨勢也蔓延到對社會影響面更大的種種事務：警察勤務、建築設計、醫療照顧，乃至於軟體設計本身。長久以來，演算法早就操控我們在網際網路中的一舉一動；很快地，透過數據眼鏡[17]的演算法也將形塑我們如何看待實然的世界，演算法將記錄並追蹤我們每一個足跡。

與此同時，演算法也讓其創造者從我們身上獲取利益，達到無可計量的程度。

來自資本的攻擊

人類的歷史是一部為自決而戰的奮鬥史。我們為了不受外來統治與神律支配而戰鬥；為了擺脫慣俗與父權而抗爭；現在最艱困的戰役，將會是和我們自己對峙，抗衡我們自己的生物本性，對抗我們自己的易受操控性。

自主決定，嚴格來說，是一種幻想。我們是從精子與卵子結合而來，其中內建一套決定我們發展成人的符碼。進入這個世界之後，我們被無法控制的影響因素所陶鑄：家庭、朋友關係、學校、慣俗、法律、意識形態、經驗、歷史及文化等等。這些影響因素構成一套規則，自此之後，我們的頭腦會循此規則對刺激產生反應，並且觸發念頭與行動。其間，神經科學與哲學逐漸達成一致見解：決定我們所思所為者，不是所謂的精神，也不是靈魂，而是受到頭腦物理與化學作用以外的過程所影響；我們**才是**這些過程。只要這些過程是自由的，我們就是自由的。但凡可以透視我們腦袋裡頭的規則，並且控制其刺激反應的人，就有辦法影響我們。這當中存在著一種產製人格圖像與判讀感覺思想的力量。

這正是數位資本主義用來為自身目的牟利的一種力量。

經由操控進行剝削

科技是中立的。刀子可以切蘋果，也可以殺人；飛機可以載我們去度假，也可以用來打戰；一台收音機可以放送音樂，也可以散播仇恨訊息。問題不是科技本身，而是使用者把科技變得危險，ＡＩ亦然。

資本主義不是中立的，它觸發並且索求我們最好與最壞的一面。競爭是它的毒品；賺大錢則是目標，以自利作為驅動力，用盡各種可以獲取利益的科技，包括AI在內。

區分科技本身與企業對科技的利用，凸顯出隱藏在數位商業模式背後的動機。以Facebook為例，社群媒體平台的帳號是免費的，傳送訊息也近乎無償。Facebook會提醒我們特別日子的週年慶，提供我們客製化的新聞，並且幫我們和老友們保持聯繫。這家公司竭盡所能地照料我們，但代價是什麼？

二〇一九年秋天，世界上最有價值的五家公司是：Microsoft、Amazon、Apple、Google的母公司Alphabet，以及Facebook。二〇一八年，這些公司的年總獲利高達一三九〇億美元。地球上最聰明的頭腦在為其做事，沒有人能夠逃脫這些公司的產品，美國甚至以此成就自豪。問題就在這裡，因為引以為榮與懷疑論不能混為一談，而且過去二十年來懷疑論居多，這是有道理的。儘管確實有若干AI行家[18]足以和資訊公司投入大量資源的研究部門相匹敵；又或許有一些具干擾性的科技創新尚未潛入人們的日常生活。

二〇一八年，Facebook賺進二二〇億美元，幾乎都是來自廣告的營利所得。之所以有此可能，因為Facebook承諾公司的客戶——我指的是廣告主，而不是平台的使用者——將進行高效率的廣告投放。Google也作了相同的承諾。Amazon則是在其網頁上推薦一些我們不是真正需要的產品，讓我們按其建議而購買，這些透過推薦所買的產品超過Amazon銷售量的三分之一。簡單說，這些公司靠著承諾要賣給我們一些東西來賺錢。

但是，我們自身不是產品，而是如許多人說的——我們是一種資源。Facebook之類的公司推薦產品，效率如此之高，靠的是分析我們，並且操弄我們。演算法學習認知我們是誰、我們喜歡什麼，以及我們對什麼有興趣。演算法知道我們對於這些建議的接受度極高，因此在適當的時機精準地提供適合我們的要約。演算法的預測越準確，向客戶收取廣告費的金額就越高。為達此目的，這些公司越來越需要從我們身上獲取更為細節的人格圖像；這些公司想要知道，我們的收入、我們的偏好、我們的現實生活處境，乃至於我們的弱點。二〇一七年，Facebook觀察六四〇萬澳洲及紐西蘭的年輕人，探知年輕一代什麼時候覺得沮喪、不知所措，甚或焦慮，這家公司就利用這項「能力」進行廣告投放。

也許會有人說，廣告早就存在，以各種型態出現，如街頭攤販、報章廣告、電視商業行銷等等。廣告主總是會想盡辦法找尋目標族群，特別是挑選正確的廣告媒體、正確的發送訊息，以及正確的發送時點。但是，上述個人化的廣告擁有的一種新的特性，就是可以清楚地區辨我們是否屬於某一特定目標族群，或者某一公司可以在我們最容易接受或最虛弱的時候，用精準的方式、精準的廣告，在精準的時間點對我們表述。這種廣告形式已經越線了，因為它不只是看到我們、認識我們，並且透視洞悉我們的內心。

況且，這樣的能力不僅僅用在廣告上。

企業巨擘權力集中的危險

產品廣告顯示Facebook等企業所擁有的能力，但更大的危險來自把AI用在其他的目的上，例如Facebook能夠影響人們的心智狀態。一項實驗顯示，有三萬的使用者收到來自其朋友的負面訊息，並且發現這些訊息讓收到的人情緒更為低落。另一項測試證實，Facebook有能力提高二〇一〇年美國國會大選選民百分之二的投票率，方法是當有人投過票時，就傳送簡單訊息到好友群組裡[19]。尤有甚者，Facebook此種能力的運用可以具侵略性。例如劍橋分析公司醜聞，據稱該公司於二〇一六年美國總統選舉期間，透過經剪裁的個人化資訊讓中間選民成批地倒向川普[20]。

儘管已經掌握了如此令人疑慮的權力，這些企業還想要更進一步，Facebook正在建立一個橫跨全球的國家：有二十九億人使用臉書平台，還包括社群媒體在內，如WhatsApp及Instagram。該公司提供給世界上偏遠地區進入網路的連結——但只限於Facebook可以控制的網址。該公司發行了自己的電子貨幣——Libra，這可能會顛覆世界的金融體系。Libra可以用來跨國支付，不僅在Facebook，也可以在服裝店購物、餐廳消費，以及進行其他的交易，而不受兌換匯率波動影響，也不需要支付兌換規費。至於在支付過程中產生的資料會被如何對待，就不得而知了。

以上事例只涉及一家公司——Facebook是擁有IT超大能力的巨型產業之一，例示了其他IT巨擘——各自領域的壟斷者——如何支配我們的生活。例如Google除了提供搜尋引擎給最廣被使用的網際網路外，同時還有Android——最廣為使用的智慧手機運作系統，再加上是YouTube的擁有者——最受歡迎的影音平台，此集團同時投資AI支持的健康照顧，並且正在開發自駕車。又如，Amazon不只是最大的線上市場，同時銷售最受歡迎的智慧音箱——Echo，且遠端經營世界最大的伺服器農場[21]。這些猶如裝著琳瑯滿目電腦的巨型百貨公司，正將其計算能量提供給外界租用，因此無人可以逃脫其對每天線上生活的影響力。

不僅如此，這些企業集團亦相對地影響了至少半數的傳統經濟。因為媒體公關公司、餐廳或玩具製造商，如果不設法讓自家產品在Facebook上被「按讚」，或者在Google上得到正評，那可預期的是，將在市場上失去競爭力而落敗。

IT企業所擄獲的可用資料一旦耗盡，就會再透過招募新的用戶來擴展其網路版圖。這些企業的規模越大，擄獲資料就越容易，進一步併吞競爭對手，開發有誘惑力的應用程式，並且從第三方購買資料，於是我們被留在平台上的時間就會越來越長：從Facebook及Instagram上獲得按讚，讓人成癮；在Netflix上，集集之間自動開演的時間只有五秒鐘；越來越多的資訊直接集中在Google搜尋引擎所獲結果的頁面上，以致根本不需要點擊其他頁面的連結；我們在YouTube平台所費時間，有超過百分之七十是由推薦演算法在打理的。而在這段時間裡，

YouTube——如《紐約時報》所報導——系統性地引導我們進入無盡的深淵裡，諸如：陰謀論[22]、極端份子的宣傳，甚至被帶入性化兒童[23]的影音漩渦裡。凡此皆因演算法知道：利用這些資料足以把特定族群留在平台上久一點。

ＩＴ產業掌握了我們的數位自我，讓我們可以搜尋網路、捲動Facebook的時間軸，並且觀看有趣——或不是那麼有趣——的影音，以此為回饋。只是，這些回饋還不足以讓我們放棄在數位空間的自決。

其他企業同樣利用我們的資料在賺大錢，美國經濟學者肖莎娜‧祖博夫（Shoshana Zuboff）把這種新秩序稱為「監控資本主義」[24]。不過，此一用詞淡化了問題，因為這不只涉及監控，而是操縱。

被資本主義綁架的數位化，已經變成一種權力工具，加速對我們進行剝削，但資本家不是唯一從中獲利者。

來自右翼的攻擊

過去幾十年以來，極右民粹主義正逐漸高漲。在歐盟的心臟，以及波蘭、匈牙利、捷克、奧地利等國，還有脫歐的大英國協。而極右民粹主義正在拆卸自由之情形，於美國尤烈。極右民粹主義在這些國家所呈現的妖魔形象及其使用的詭辯話術，讓人憶起二十世紀前半葉的法西斯主義時期。右傾的掌權者更換法官、懲罰少數族群、修改選舉法，甚且——當法律牴觸憲法的時候——乾脆竄改憲法。即便不是極右民粹主義者執政的區域，各種對話與政策亦皆充斥著侵略性的言語。右翼份子甚至奪人性命，不僅在美國，例如二〇一八年十月在匹茲堡的猶太教堂有十一名猶太人被極右派人士殺害[25]，還包括在德國，例如主張接納難民立場的政治人物瓦爾特・呂貝克（Walter Lübcke）遭到謀害[26]；還有二〇二〇年二月，在哈瑙有九名移民背景的平民被槍殺[27]。

極右派民粹主義的意識高漲，並得以攫獲權力，數位化扮演了極為關鍵的角色；數位工具被用來對抗如烈日灼目般的東西：真相。

數位溝通工具的濫用

依據一項廣被引用的定義，民粹主義者的慣用手法是，將腐敗的菁英與有德行的人士並列對比，並宣稱後者才是取得政治權力的正當源泉，近期最知名的代表人物是美國總統川普。他在廣大粉絲的「群眾大會」上散布種族主義者、貶抑女性者（厭女者）以及民族主義者的訊息，同樣訊息在全國的電視上轉播，更在網際網路上廣為流傳。世界上沒有一位在任的政治人物有如此多的Twitter跟進者[28]；還有，他在傳統媒體與線上的許多脫軌言行，不斷被轉發和報導。根據一項問卷調查，川普接觸的人數超過美國人口的四分之三。在奧地利、法國、德國、義大利、荷蘭、波蘭、瑞典、大英國協、巴西、印度及緬甸的右翼民粹主義者，也都善於利用類似的訊息與管道。

右翼民粹主義者擅長操弄社群媒體，其他政治勢力無出其右。例如在德國，研究發現，二〇一八年底至二〇一九年初，所有Facebook與Twitter有百分之三十二的PO文提到極右派政黨「德國另類選擇」（AfD）[29]，但在民調支持率上該黨只獲百分之十三。與此相對，綠黨獲得百分之十九的民調支持率，卻只有百分之七的PO文提到綠黨。類似情形亦見於西班牙極右派人士組成的迷你政黨——呼聲（Vox），以及義大利馬泰奧．薩爾維尼（Matteo Salvini）領導的極右派政黨——北方聯盟（Lega）。

推究其因，根源在於右翼民粹主義者特別能夠從中獲利，還有數位化正在破壞傳統嚴謹媒體的監督功能。右翼份子過去排外的仇恨性訊息，如今可以透過Facebook和Twitter的PO文直接訴諸選民，這些訊息再由撲天蓋地的行動支持者，透過網際網路留言板或線上媒體的各種評論功能予以強化。於是乎，民族主義國際聯盟出現了，各國右翼民粹主義者彼此之間相互激力，進而極端化。據《紐約時報》報導，可知右翼瑞典民主黨如何從美國右翼保守勢力和俄羅斯政治宣傳[30]獲得財務上及意識形態上的支援。

除此之外，為了讓訊息轉發給更多的受眾，右翼民粹主義者會巧妙地利用傳統及社群媒體的義憤機制，此舉算得上是無恥之尤。當新聞訊息挑起群體情緒的時候，訊息傳播的速度就越快。根據一項研究，每一個帶有情緒性的字眼，其被轉發的機會就增加百分之二十左右。右翼民粹主義者會使用支持者與反對者都會有所反應的單字或字群作為關鍵字，如：「**非法**」**移民**、「**伊斯蘭化**」、「**恐怖主義**」、「**假訊息**」。又或者，右翼份子會別創新詞，例如將難民群形容成是一種難民「**波**」或難民「**潮**」，藉以營造出一種無可控制的自然力圖像。這個過程被稱為框架建構[31]，目的在塑造並影響整體公眾的溝通對話，特別是經由自動控制用戶的帳號——所謂的「（聊天）機器人」，可以大量地散布右翼民粹主義者的訊息。

這股風潮的後果，極其嚴重。已有事實證明，社群媒體上有關「德國另類選擇」的ＰＯ文，與攻擊難民暴力事件的發生之間有所關聯。在英國脫歐公投之前，支持脫歐人士在社群媒體上投放廣告，挑起選民對外來移民無來由的恐懼，或者錯誤地指責歐盟造成了英國弱勢團體的經濟困境。俄羅斯的網軍[32]無所不用其極地影響二〇一六年美國總統的選舉，結果有利於川普。又如，緬甸的軍方利用Facebook宣傳，快速地煽動對羅興亞人[33]——回教少數民族的種族主義仇恨，導致後來的種族清洗悲劇。最顯著可證的例子是，二〇一八年右翼極端份子雅伊爾·波索納洛（Jair Bolsonaro）競逐巴西總統而勝選[34]，YouTube的推薦演算法扮演了舉足輕重的角色。《紐約時報》引用諸多研究，追蹤YouTube如何把巴西的整體政治討論，翻轉為有利於右翼的陰謀論；系統地引導使用者去干擾主題，甚至競選的勝方自己都公開地承認，這場意外的勝選要歸功於影音平台。

受此影響之下，人們所為的任何投票、選舉，甚至是殺人，都不是基於自己的自由意志。

無真相，無自由

只有知道真相的人，才有辦法自由地決定，諸如是否接受有風險的醫療手術，是否承接某一項工作或者支持某一個政黨。例如當川普說謊的時候，這是對自由的一種攻擊。據《華盛頓郵報》統計，從川普就職到二〇二〇年一月間，出自川普的錯誤或引人錯誤的指控，不下一六二四一則。他編造「非法」難民發動了「進犯」；他否認氣候變遷的人類責任；他吹噓未達成的成就，包括謊稱他是靠一己之力而致富。在他參與競選之前，他以純樸民粹主義的風格，承諾要抽乾在華盛頓特區的遊說者及貪污政客的「沼澤」（他讓粉絲頌揚「抽乾沼澤」[35]！），宣稱要將利益分享給平民百姓。沒有一任總統像他一樣，有那麼多的閣員因為違反倫理準則而離職。凡是揭穿他謊言的人，都被貶為「假訊息」的散播者，一種極其醜陋的顛倒是非。

在奧地利，當極右派奧地利自由黨[36]的政治人物散布謊言，宣稱美國猶太裔億萬富豪暨慈善家喬治・索羅斯（George Soros）即將組織大批移民進入歐盟，也是利用相同手法在操弄選民。同樣情形也發生在「德國另類選擇」身上。該黨在二〇一八年一月至十月之間發布的新聞中，有百分之九十五的內容聲稱犯罪行為是由外國人犯下的。前義大利內政部長馬泰奧·薩爾維尼，把在地中海的海上救援行動稱為「走私份子的同謀」，把難民稱為罪犯。又或者，每當有人承諾要讓國家回到過去的強大，那都是在操縱選民。

妖魔化新聞媒體、製造仇恨形象、挑動恐懼，以及刻意榮光過去，都是右翼宣傳時慣用的老伎倆，而數位化則賦予其新的衝擊力。如同資本主義家一樣，右翼民粹主義者也擅長利用我們容易被操控的事實，並藉此把手指頭伸入民主的慢性傷口裡：右翼民粹主義者經由人們對不正義世界的憤怒、對未知的恐懼、對被肯認的渴求，以及相信這是對其同族群的陰謀，擄獲人心。在如此群情激憤之下，人們的決定不再自由，而且也不是為了自己的利益。如同許多當初在脫歐宣傳過程中投入戰役高喊「拿回主控權」的人一樣，當意識到貿易癱瘓了、工作不見了，當國家與世隔絕而顯得一文不名時，儘管人們享受過自主控制的滋味，卻失去了安全和繁榮。又或者，再看看投票給川普的美國勞工階級，情形不遑多讓。因為川普的稅制政策主要是站在有錢人這一邊，他的貿易政策不利於窮人，他的內閣成員多半是百萬富豪，而他自己也極為富有（至少他如此宣稱）。

誰要是不相信右翼民粹主義者，就會被打壓，特別是在民粹主義者執政的地方。於歐盟，箝制內國公眾討論者，莫過於匈牙利的維克多．歐爾班（Viktor Orbán）及其領導的青年民主主義者聯盟[37]。在一場公開演講中，他宣告自由民主已終結，他讚揚土耳其、中國、新加坡及俄羅斯的非自由體制；他改造國家的媒體，直到只為其政治宣傳為止。與他親近的寡頭政客們攫取了所有的私人媒體，並使之與政府站在同一陣線。對於非政府組織來說，工作越發困難，部分被迫關門或遷走。一人、一黨、一種真相。

只是，西方的民主國家難道不準備對抗這些嗎？我們的國家不保護自由嗎？不打算制止資本家及民粹主義者在數位空間的召喚嗎？

一點也不！

來自國家的攻擊

如果說資本是把人類制式化的背後驅動力，那麼國家早就在其中了。國家蒐集了大量的資料、找出類型，並且把各式決策自動化。例如比利時曾以自動化系統辨識出缺乏就業動機的失業人口，用來研擬相關提升就業率的政策[38]；丹麥當局運用數位分析方法，嘗試辨識被疏於照顧的兒童[39]。不過，數位化與演算法造成的最主要衝擊，是對安全政策的影響。中國即將完成其人口的數位統計，並進行管控。在科技野心與權力意志合體之下，中國共產黨正在竭澤所有支流，俾以匯成一股體系統合的巨河。

這樣的境況離我們亦不遠矣：如果我們今天繼續推進科技、汲汲利用，很快地，自由就只會是字典上的一個詞條。

安全至上

二〇〇一年九月十一日，發生飛機撞擊世貿大樓事件，其後不久，全世界見識到安全立法的大爆發。從美國開始，德國亦跟進，新的犯罪與重罰的規定被新增，祕密監控與警察的權力被擴大建置——每年都加碼。有關資料蒐集處理的權力，越來越大，過去已然如此，於今尤多。

德國聯邦情報署[40]掌有了完全的法律上權限——他們原本祕密為之，直到愛德華．史諾登（Edward Snowden）揭密才告曝光[41]——可以掃描所有截獲得到的德國境外通訊。不需特定理由的地毯式儲存內國通訊資料，日前才被歐盟法院判決禁止[42]。德國聯邦刑事廳[43]——相當於美國的聯邦調查局（FBI）——建置了一座巨型的資料庫，裡面儲存大量沒有犯罪紀錄或只有犯罪嫌疑的個人資料，後者包括現有或曾有犯罪嫌疑的個資；而且，這座資料庫一天比一天大。聯邦刑事廳還儲存並處理所有國際航班旅客的詳細資料，並且還打算納入公車、鐵路及海運等旅客的資料。邦警察機關可以運用間諜軟體[44]從輸入聊天訊息中監控潛在的威脅，並搜索電腦及智慧手機。警察機關與情報單位分立原則——基於德國納粹時期蓋世太保[45]及東德史塔西[46]經驗教訓——實際上已經蕩然無存。在對抗恐怖主義方面，主管機關被允許在更早的階段監控我們：以前，必須存在具體的危險，才可以採取干預措施；如今，在巴伐利亞邦，則只要有「具威脅性」[47]的危險就夠了。這意味的是，警察汰換掉原本只為了清理水族箱的小濾網，改用比較大的篩網，雖然可以濾出更多的水藻，但也會同時撈到魚。

對於國家來說，自由變得越來越不利索。但安全的目的不是就該只為了強化自由嗎？

對於潛在威脅的標記，演算法確實有所助益，只憑旅客資料中的飛航行為，即可搜尋「嫌疑犯」。德國黑森邦正在使用美國Palantir公司的軟體，讓警察可以從公共資源及整個網際網路中肉搜一個人，並且將之展示在官方的數位網路上。在美國，Palantir公司的軟體[48]可以進入的資料之多，光是輸入姓名就可以描繪出一個人的移動軌跡，還有電郵地址、電話號碼、地址、銀行帳號、社會安全號碼、商業往來關係、家庭成員資料，以及身高體重等等，不只用於執法，美國五角大廈也用這套程式分析資料。

支撐使用這套有神器名號的軟體的理由是，對於絕對安全的願望。通常政治部門自己就足以挑起這種願望，現在則是由極右派民粹主義者火上加油。國家想要在有人傷害我們之前，就加以阻止。初聽起來不錯，直到有某一架民航機突然就成了嫌疑者，或者有人造訪一座清真寺就被紅旗示警，或者在一次的抗議活動中只是跟某個旁人交談，就被看作是不尋常的時候，才感覺到大事不妙。每一個人都被放在一般性的嫌疑之下[49]！於是，不要引人注意的壓力持續增大，只想低調行事、「正常」生活益發困難，我們被迫進入一種自我審查的情境，儘量少在電郵中開刻薄的玩笑，或不要在Facebook上和積極份子有好友連結，以免在經過警察查哨站時被盤問，或者入境美國時遭到拒絕——實際的事例越來越多。這種「寒蟬效應」已經持續在發生中，而且可以證實。例如自從史諾登揭密事件之後，人們已經避免在維基百科上搜尋可能會被當作嫌疑犯的字條，甚者有相當大比例的新聞媒體不去碰觸可能成為國家監控目標的主題。

數位安全國家對我們自由的威脅，猶甚於數位資本主義。這不是極右派政治人物執政時才會發生，如果有朝一日真的由「德國另類選擇」成員執掌內政部的話。即使是溫和保守的政治人物也會提出繁瑣複雜的法案，用來操弄我們的恐懼，且不斷地加碼新的、打擊範圍更廣的權力——保守的（前）德國內政部長霍斯特．傑霍夫（Horst Seehofer）曾經在二〇一九年六月以半諷刺的口吻承認過這一點[50]。如此作法系統性地游走在憲法的界限邊緣，且通常恰恰是越了線。高速公路的速限規定可以解救的性命，遠多於任何的反恐法律（譯按：反恐法律看起來明顯不合比例原則）。但對於公民社會來說，卻很難阻止這樣的反恐法律通過，況且即使提出訴訟，憲法法院也不會輕易地否決任何一項不合比例的自由限制。因為憲法法院的正當性基礎是，不要對政治設定過多且太頻繁的限制。

過不了多久，只要被懷疑腦袋裡想著犯罪的人，都有可能因此而聲名受損，甚至失去自由，這種事可能會以自動化的方式發生，因為演算法已經進入法庭的裁判。在美國，ＡＩ支持的程式協助法官作成是否保釋、緩刑的裁判，以及判罪量刑，如此一來，已不存在個別性、特殊性案件。要對此種作法進行有效的辯護，變得近乎不可能，因為演算法的運作方式被認為是受保護的營業祕密。

相對於營業祕密受到法律的保護，我們的基因序列內含最私密的資訊，卻未受到足夠的保護。舉例來說，基因序列在美國廣被利用，有數以百萬的人把他們的細胞樣本交給私人公司，用來尋找他們失聯的親戚，比如說交給Family Tree DNA[51]。這樣的服務看起來無傷大雅，實際上這些公司正在儲存、分析及解讀我們所擁有最私密的信息：我們所由而生的基因密碼。美國聯邦調查局已經在用基因資料庫裡的資料，比對犯罪現場留下的DNA軌跡，結果很少發現誰是這些DNA軌跡的製造者——留下DNA的人未必會有犯行——找到的多半是親戚。

美國主管機關早就把AI運用在臉部自動辨識，甚至針對未成年人，儘管存有錯誤懷疑或歧視的風險。多年來，在公眾不知情的情況下，主管機關拿數以百萬人的駕照照片比對通緝犯的照片——甚至用來驅逐沒有合法文件的移民出境；Amazon把「智慧門鈴」的照相機提供給當地的警察機關，讓警察分析解讀機上擷取的影像。倒是有一家電擊槍製造商拒絕將臉部辨識系統裝到其出售的警察隨身攝影器上。不過，隨身攝影器可以偵測到攻擊來源，並且讓電擊槍對之自動發射，只是遲早的事。

這方面的發展，美國軍方早就在研究，AI可以用來選定軍事目標。不久的將來，軍方應該可以透過成群的自動無人戰鬥機或小船發動並控制攻擊。如果戰爭的另一方也使用AI的話，戰爭將會如何進行，難以想像。

站在對面端的，極有可能就是中國。

看看東方：被控制的個人已然在此

在過去的四十年間，中華人民共和國有了令人難以置信的進步。自一九七八年鄧小平開放以來，有五億的人民從極貧中被解放出來，成為世界上首屈一指的工作台，並且是全球最大的智庫之一。在AI的投資尤其多，原因不言自明，中國以其龐大的版圖坐擁巨大的資料寶庫。

中國的IT公司蒐集的個人資料，遠多於其對手美國。騰迅的WeChat從聊天程式發展成為WhatsApp的線上平台。其間，使用者用來餐廳訂位、安排醫院門診、點餐、找工作、申請簽證，以及玩電腦遊戲，超過十億的中國人使用這個應用程式；另有幾乎相同數量的人使用騰迅的競爭對手——阿里巴巴的服務。這家結合eBay與Amazon的公司，還提供信貸、組織音樂會、串流音樂、經營線上藥局等等。不過，影響力最大的兩家公司是WeChat Pay與Alipay，它們已經讓智慧手機成為一項支付工具。拜此之賜，現金在中國已經變得相當罕見，就連給街頭藝人或乞討者的錢都是用智慧手機。二〇一八年，透過這兩種服務的手機支付數量已超過三十萬億美元。

經由跨行服務提供，騰迅與阿里巴巴實際上知曉每一個使用者的資料細節。與西方的差別是：這些資料很自然地流向中國政府的手上。統治這個國家的，不是由人民選出的政府，而是中國共產黨；而積極把這個國家推向數位化的，也正是中國共產黨。

先從學校開始。在一項模範計畫中，學童用餐的菜單依營養學指示加以儲存與評分。學童遲到、上課出缺席，以及借還書籍，透過臉部辨識監視器來記錄。中國設計數以百萬的智慧監視錄影器當中，有部分不只依靠臉部特徵來辨識人別，還包括辨認走路方式或服裝。中國公安已經使用數據眼鏡來掃描行人，以之辨識出犯罪嫌疑人。這也說明為什麼二〇一九年香港示威遊行的群眾不管做什麼事都儘可能地遮住臉部。很快地，將不再有人能夠在中國境內移動而不被偵測到。

這些由IT企業集團所支持的基礎設施及資料供給，都只是用來建構更大計畫的基石：社會信用制度。無數的模範計畫逐一推出、彼此競爭，計畫內容（一項或多項）針對中國的每一個人，乃至於每一家公司。最著名的一次實驗是在山東的榮成市實施。開始時，這個城市及其周圍的每一個市民都獲得一千分。陪伴老人上市場或打掃街道，可以獲得加分；在街道上丟棄垃圾、闖越紅燈、上未立案的教堂，或造成鄰居的問題等，則扣分，批評政府扣的分數最多。因此，當地調查報導與民權團體的處境，最為不利。

一個人的社會信用評分，如果低於一定的標準，其結果可能就不具備抵押貸款的資格；或者，按照另一種評分制度，當事人可能不被允許搭乘飛機，或使用長程火車；影響所及，截至二〇一九年春天之前，已有超過一千三百萬人的生活受到衝擊，包括出國旅行、選擇伴侶，以及在職場上遭遇諸多困難。因為跟被評為「不誠實」的人有相識關係的話，將會對自己的積分帶來負面影響，因此有負評的人也會同時失去社會接觸。還有來自公部門的公開譴責，會廣為流傳，例如在一張數位卡上標記某些人沒有償還貸款。類似的運作模式，亦適用於公司行號。

有別於西方的信用評分系統，社會評分系統是有制裁效果的，且與被處罰的行為並無實質連結。在美國，獲有貧窮評分的人將無法貸款或可能需要支付比較高的利息。差的書評，則會降低該書的銷售量。反之，若是在中國，社會評分較低的人可能會一切盡失：職業、財務、私人生活。如此完美的控制，長期以來，主要的獲利者是中國共產黨。

維吾爾族，中國西北新疆的回教少數民族，已經感受到中國監控國家的力量。中國已經儲存十二歲至六十五歲所有維吾爾人的DNA、血型、指紋及虹膜。維吾爾人男女老幼一舉一動都受到數以百萬智慧相機的追蹤，不只在公眾場所，有時候還包括家中。不限於新疆省分，即使是中國東部的富裕城市，透過自動產生的臉部特徵，智慧監視錄影器也可以辨識出維吾爾人，並追蹤之。據說，中國政府甚至把惡意軟體大量置入智慧手機中，用來判讀訊息及密碼。根據估計，一千一百萬維吾爾人中有十分之一被拘禁在再教育營，以迫使其改變信仰。

這個民族遭遇的處遇，令人震驚，由此顯示完全的控制是有可能的。新疆民族毫無反抗的空間，無處可藏，也無法集結，甚至不能自由的思考。

就算無視如此極端的舉措，我們也不能因此而忽略中國的存在。在中國發生的種種事情，與我們有關者，遠遠大過我們是否喜歡。這個國家已變得如此富裕且強大，因此我們不能對中國未來的想法掉以輕心，就如同世界不能忽略過去幾十年來的美國一樣。幾乎沒有一個國家膽敢與中國作對，因為中國的市場太具有吸引力，中國對於批評者的反制又毫不容情。新絲路是歷史上最大的一項基礎建設計畫[52]，在半個地球上築路造港。在非洲，中國比其他國家還要積極；在美洲及歐洲的投資，中國也是世界上最大的貿易國家。在通向5G科技的道路上，華為集團是沒辦法避開的。TikTok正在征服我們小孩手上的智慧手機。中國的出口，包括以AI為基礎的監控科技。這個國家甚至派遣警察人員到其他國家，比如說義大利及塞爾維亞[53]。

創造價值的人，同時可以定義價值。因此，有朝一日，中國的數位未來，也可能成為我們的未來：那會是一個沒有犯罪的超級現代國家，但也沒有自由。

但是……真的會如此悲慘嗎？繁榮與安全難道不比自由重要嗎？根據最近的報告，有百分之二十的德國人嚮往看到一個監控國家，這些人錯了嗎？

2

我們必須珍惜自由！

有些事情，當我們失去時，方知珍惜。生病的時候，我們渴望健康；無聊的時候，我們想要有事可做。同理，也適用在自由身上。唯有當我們被迫去做某些事，卻不給理由的時候，或者，當我們在別人身上看到同樣的情形時，我們才會真正地珍惜我們的自由。因此，我們必須始終牢記，我們在自由的時候曾經擁有的東西，還有為什麼這些東西如此地重要。

唯有當我們不必害怕我們表達自己的意見的時候不被國家處罰，不必擔心國家會恣意地剝奪我們的財產或刑求我們的時候，尊嚴生活才有可能。本書第一章已經提過，在日常生活中，我們可以自主的決定，是一樣重要的事，如果不好好保護自我決定，那麼距離失去自主決定，亦不遠矣。因為自主決定可以帶給我們幸福，此何以我們不願被ＩＴ企業操弄，何以絕不容許國家瞧見我們腦袋裡面的東西。凡此種種，皆不是為了舒適與娛樂，也不是因安全之故。

個人自由是尊嚴生活的前提要件

現代的寡頭政權在展現其權力的時候，不會像過去的希特勒或史達林如此般地笨拙，既不會殺害其對手，也極少會將其下獄；現代寡頭政權偏好洗錢，而不是洗腦。弗拉迪米爾．普丁（Vlaimir Putin）運用這種手法統治了俄羅斯二十多年；維克多．歐爾班可以輕易地將匈牙利轉型，手段亦復如此；這同時也是美國總統川普嘗試想做的。而**我們，人民**，被現代右翼份子剝奪了權力，已經不是難以想像的怪異現象。

因此之故，我們可能會全盤皆輸！人民的自由權不是富裕社會的奢侈品。我們享有這些自由，旨在追求最高的利益：生命、自由及財產。從美國憲法增修條文——《權利法案》——前十條，我們見證了憲法確保一七八九年法國《人權宣言》所保障最重要的自由；同樣的嘗試亦見於一八四八年在德國法蘭克福保羅教堂草擬的「革命憲法」，儘管最終未議決通過。當時，德國不是一個聯邦國家，而是一個鬆散的邦聯同盟；而且還不是一個民主國家，只是封建國家與自由城市的聯盟。偏頗的司法與無可逾越的身分鴻溝，依舊主宰當時的生活。相對來說，早在半世紀以前，美國於一七七六年宣告從英國獨立，自此脫離了此種社會條件。

憲法上保障集會結社的權利——過去如此，如今仍是——目的在保護個人的社會地位、財產，甚至生命。同理亦適用於自由表達意見，以及從不受檢查之新聞媒體獲得資訊的權利。相對來說，逮捕及搜索必須有法院的令狀，旨在保護個人的身體自由及住宅的不可侵犯性；宗教自由保護個人信仰及不受限制之信奉活動；司法獨立之保障，則使法律的有效執行得以可能。不過，最核心的權利是透過自由選出的代表參與形塑社會的權利，因為對抗暴政的保護之道，莫過於共同決定之民主參與——過去如此，今日尤是。

因此，自由與安全絕非互不兩立，自由確保安全。上述所舉之主要自由權利顯示，個人的自由是尊嚴生活的先決條件。因為唯有免於他人恣意意志的人，才能自我發展人格，才能作自己，並依其潛能而發展；能符合其潛能的人才是存在的主權者，而不是他人支配的財物。

如果這些還不能讓人信服，那麼許許多多為了自由而戰鬥的人們，應該具有說服力。一七七六年，美國獨立革命，一七八九年，法國大革命，兩百年後東德的和平革命，二〇一一年的阿拉伯之春，這些只是人類歷史上無數暴力或和平革命或起義的例子，或成功或失敗；而這些全都是某種或若干形式的自由，且絕大多數是為了推翻不正義的統治。

縱使是那些表面上供給人民需求的政府，也不能免於遭遇人民的集體性示威抗議。二〇一九年香港的民主運動證明了這一點。住在香港的人民享有自由，城市繁榮，但貧富不均。不過，香港人民不是為了經濟正義而挺身示威，毋寧是為了索求決定自己命運的權利。問題是，中國政府不允許香港有自由的選舉，儘管在一九九七年接收英國殖民權力時有所承諾，僅此即已驅使數以萬計的港民湧上街頭，就算面對中國軍隊的威嚇鎮壓。

即便在西方有人會說：「我不反對他人權利受到限制、甚至被剝奪，只要我安全就好。」但是，再多的安全都抵不過因受到壓迫所承受的痛苦；而自由的核心底蘊恰恰是：保護少數免於多數的暴政。任何認為他們在多數的情況下是安全的，實則自欺欺人。無論如何，我們都是少數，因此，我們必須信賴基本權利的普世效力。富人想要保護其所得的財富，窮人則是為了生存。基督教徒捍衛其假日，猶太人則希望可以無所畏懼地參與宗教儀式；主張擁槍權的行動派人士反對槍枝的管制，足球迷則抗議足球場的禁令。Harald（多數人）也會因Fatima（少數人）的自由而獲利[54]。

反之，適用於大人物的，同樣亦適用在小人物身上。

自決的生活是幸福的生活

艾立克．史密特（Eric Schmidt）經營Google有十年之久[55]，曾說：「我想大多數的人不想要Google回答他們的問題，而是要Google告訴他們下一步該做什麼。[56]」

我們不想如此！我們想要自主決定自己的生活，是我們與生俱來的本能。搖搖學步的幼兒都會因為活動範圍受限而感到沮喪；青少年咒罵父母為其設定的規則；成年人不想被強令從事某一種行業，或選擇哪一種配偶。我們不是螞蟻或蜜蜂，快樂地依循宿命角色而活著，這違反了我們的本性。

每個人都有過自己作決定而感到振奮的經驗——決定自己的住處，安排假期，決意分手或離職。或者，不需要迎合他人的要求，單純作自己的愉悅感。當我們按照自己的自由意志做一些事情的時候，我們比較有行事動機、感覺良好。根據二〇〇七年美國學者的一項研究，上述經驗顯示在比如當我們自願捐款的時候。幸福感也可以來自做白日夢、嘗試一些沒做過的事，或純然無所事事——有時間做想做的事；又或者，不被觀察，不受控制。只不過，今天的年輕人不再可以做、說或寫任何事，而不必擔心何時要為此對誰說為什麼。

自由讓人幸福這件事，不是軼聞趣談，而是實然可證。根據在不同國家的多項研究，經濟及政治自由與人們的幸福感之間具有正相關。全世界皆然，儘管程度不同。根據在養老院裡進行的一次實驗，特別是可以自由地決定自己的生活，讓人感到幸福。因此，對於生活品質的觀念，據「世界幸福報告」[57]，自由是關鍵變項之一。光是相信自由，也會提升幸福感。根據一份於二〇一七年發表的中國研究，這點甚至亦適用於中國。不同研究發現，在我們的一生中，幸福水平是呈現U字形。在我們剛成年的階段，我們最幸福，四十歲到五十歲之間，通常最不幸福，然後我們的幸福又再度上升。這個現象很大部分與不符合我們個人預期而產生的失望有關；在我們生命中，最受拘束的是：經濟負擔、工作壓力，以及對子女的責任。

當數位資本主義從我們手上拿走了看片、用餐、甚至是人際關係的決定權的時候，當右翼民粹主義者用仇恨及謊言扭曲社會與真相的時候，當安全國家如影隨形地跟著我們、並且懷疑每個人的時候，我們變得不快樂，而且隨著時間的經過，我們會越來越不快樂。

當然，事情也會往好的方向發展——只要我們是自由的。

只有自由的社會才會進化

科技進展和社會進步一樣：不是絕對的好，也不是絕對的壞。但是如果沒有進步，就一定不會變得更好。我們仍將被宰制、不自由，我們還在田裡做苦工，而不是讀這本書。我們仍將被歧視，接受既有的狀態，而不是爭取平等。這種的進步需要一定的動力，在我們所處環境與我們的腦袋裡。但是，任何的移動都需要有推力。

一個由演算法決定的世界，任何的推力都將消失。演算法的結構是保守的；它們從過去的資料學習，再以之形塑未來。評估美國再犯率的演算法，不會認知到黑人在美國經常被不合比例地起訴與監禁，因此這些不利於黑人的數據是不準確的。招募的演算法不會知道，絕大部分男人賺的錢比女人還要多。如果我們不做點改革讓事情改變，種族主義與性別歧視就會根深蒂固而積重難返。演算法不會歷經反傳統的青少年叛逆期，不會陷入驅使它們反叛的低潮，也不會承受被不公平對待而渴求改變的痛苦。我們或許會抱怨，對相同的犯行，有些法庭對我們的判刑比起其他人要來得重。但是，在這不公平對待中存在著一種機會，有朝一日，對於違法行為將會有更具說服力、非傳統的制裁方式。或者，在立法之前，即由法院——不止一次地——透過法律解釋貫徹同性戀者之平權地位。又或者，有一種新的基本權利正在形成之中。

我們的社會需要自由的空間。國家必須給予討論的空間，讓異端者、邊緣人、甚至是已跨過界的行為容有討論的餘地。對於學術、文化及政治來說，這是必要的。因為如果人人平等、神法不具優位性、共同決定權、個人性高於集體性，諸如此類的觀念過去未曾被思考過、討論過、表述過、訴求過，那麼被指控犯了叛國罪、被判定是對君王的詆毀或對上帝的褻瀆，就還會是常見的狀況。如果沒有改變的空間，我們現在也不會是自由的。

基於這些理由，我們必須有所行動，避免失去我們的自由！只是，該如何做？

3

我們必須拯救自由！

科技創造需求。我們需要一部汽車，因為汽車的存在；我們需要網際網路，因為網際網路存在；我們需要許多由IT大企業提供的服務，也是基於相同的理由：因為每個人都在使用它。但是我們不需要的是，這些企業對於資料的需索；我們不需要為了數位化，而以我們的自由為代價；我們不需要從人類及公民被降格成為資料線球與消費者。如果我們有既可拯救自由又能取代Facebook、Amazon及Google的方案，我們就會使用它，但這種替代方案卻少之又少。

德國作家埃里希．凱斯特納（Erich Kästner）[58]曾經提到納粹德國：「人們不要等到為自由而戰被當作是叛國的時候；人們不要等到雪球已經滾成大雪崩的時候。在大雪崩無法阻止之前，人們就要把滾動中的雪球擊碎。因為在把所有東西都淹沒之前，大雪崩是不會止歇的。[59]」

本書開頭兩章顯示，我們不能再對抽象、看似遙遠的危險，無動於衷！過去，這種無動於衷，已經讓早被認知到的社會老化，演變成為威脅社會體系的危險，還有讓地球的暖化演變成幾乎無可避免的災難。我們絕對不能讓這樣的事情發生在我們的自由身上！

現在就乾脆宣告棄絕不用，似乎很容易。但是捨棄所有的數位之物，並不是解決之道。這太簡單了，因為這種作法僅侷限於個人，無法放諸四海（要求大家都跟著做）；這又太難了，因為這種作法對我們大家都沒有好處，反而帶來不利（或不便）。我們其實不需要放棄社群媒體、線上購物或者智慧手機。因為沒有人會要求騎腳踏車的人乾脆走路，只因為害怕騎腳踏車會被卡車撞到。解決之道，在於建立一套節制強者、保護弱者的規則。

讓「管制」變成了一種貶義詞，絕非偶然，那是反對管制者的傑作。然而，面對想要操控我們的力量，對之進行管制有助於我們將之掌控在手。為了彌補我們的弱點而建立管制規則，並非始自今日。如果沒有規則，我們可以為了復仇殺人而不被處罰，或者為了貪欲而去侵略其他國家；如果沒有管制，核能電廠可能會爆炸、飛機可能會從空中墜落、我們可能會天天吃到肥料毒素或吸到石棉。對於只會傷害我們之事，應禁止之；但如果對我們也有益處，則應限制之。

但，對於數位化來說，這點意味的是什麼？

對經濟進行管制！

資本主義與自由之間的關係，頗為弔詭。我們可以自由地決定如何花我們的錢，是自由市場經濟得以成立的基本前提。然與此同時，個個企業卻無不竭盡所能地縮減我們的選擇，讓我們只挑選它們的產品。巨型ＩＴ公司業已發展出一套極具獲利性的商業模式，用來降低我們的選項。對經濟而言，這聽起來似乎相對無損，但對於意見市場來說，卻具有本質上的重要性。

對於上述問題的反制之道，應該不是阻絕企業在這方面的進展。因為，若要在西方國家（譯按：例如德國）阻止此種情形的發生，實則徒勞無功。無論如何，我們都沒辦法控制另外一半的世界，反而會帶來自傷。因為即使不是為了操縱或控制之目的而利用我們的個人資料，數位化與ＡＩ本身還是可以有許多利他的產出。這（譯按：禁止企業發展及使用ＡＩ）違背我們的本性——汲求進步的本性，包括科技的進展。況且，對於新創者來說——不管是在一國之內或是面對全球競爭，這也是不公平的，因為在科技進展領域，新創者都會帶來諸多新興機會。最後，若把中國納入考量，這樣做也是不智的。畢竟，要對抗像中國這樣的新型權力，需要更強大的經濟力。

總之，既要建立足以促進自由的規則，又可保住數位化及ＡＩ帶來的利益，是一種藝術。拜歐盟的形成力與經濟力之賜，我們能夠做到。

打破權力的集中

巨型的科技公司擁有太多的權力；知道太多人的太多事；賺太多的錢，有太多的外匯存底；花太多的心力在遊說上——多過於其他任何的企業——在華盛頓、布魯塞爾，並且稀釋個人資料保護法及ＡＩ相關政策的規範內涵。而在這些企業當中，又有些個人擁有太多的權力：馬克．祖克柏（Mark Zuckerberg）握有Facebook六成的投票權，他在二〇一〇年宣告隱私權已死，卻買光鄰居房地產以保護他的隱私權，同樣都是祖克柏；賴利．佩吉（Larry Page）與謝爾蓋．布林（Sergey

Brin）各掌有Google母公司Alphabet一半的投票權；儘管傑夫・貝佐斯（Jeff Bezos）「只」有Amazon百分之十七的股權——即使離婚花掉他四分之一的股權，他還是全世界最有錢的人[60]，同時是《華盛頓郵報》的老闆。

吾人縱使不被人性中潛藏的幼稚性格所惱怒，總該警覺到祖克柏及其公司濫用權力可能帶來的危險。權力的極端集中雖曾存於過去，在當時確已是個大問題，於今則因數位權力的特殊性而更令人擔憂：網路平台程式碼的小小更動，即會對數以百萬人產生巨大且立即的潛在效應。如果Facebook的演算法突然啟動散發仇恨性訊息或由YouTube推出陰謀論影音，將會左右數以億人對事物的認知，特別是拜人格圖像剖繪之賜，這兩個平台知道哪些人比較容易受到影響。

這種權力集中的結構，我們可以裂解。歐盟及美國的反壟斷主管機關已禁止Facebook併購Instagram及WhatsApp。今天，這個集團必須分解，也就是兩家子公司必須被拆開。未來，我們必須促進競爭，防止權力的集中，避免大玩家輕易地併吞每一個剛嶄露頭角的競爭者。歐盟執委會已多次展現其行動能力，對於違反競爭法的科技巨擘裁處近數十億歐元的罰鍰。歐盟執委會反壟斷專員瑪格麗特．維斯塔格（Margrethe Vestager）[61]的權力甚至被擴大，這是一件好事。美國同樣也對科技巨擘處以重罰。二〇一九年，Facebook因侵害其全球數百萬用戶的隱私權而被罰五十億美元。

此外，我們還要針對那些從網路效應獲取利益的公司，透過歐盟法強制它們提供其競爭者連結介面。網路效應[62]，指的是每個人會選擇使用者最多的服務提供者，因為那裡是獲利最大的地方。這也是為什麼MySpace[63]或德國的StudiVZ[64]，或後來的Google+，都無法與Facebook

競爭的原因。連結介面可以降低這種效應，也就是讓對於資料保護比較敏感的服務提供者，例如Threema[65]，也可以和WhatsApp的帳戶串連。在手機市場上早已引進相互操作性[66]的義務，例如在德國，E-Plus的手機用戶可以打到T-Mobile的手機；在美國，任何的手機用戶都可以打AT&T的手機電話。如果沒有此種規範，T-Mobile或AT&T就會變成網路通訊業的壟斷者。

再進一步，則是把核心的IT服務視為公共財，並且課予其相應的義務。Facebook、Amazon及Google提供的服務，嚴格來說，是一種基礎設施，類如市場空間或街道網絡，我們無法繞過這些空間或道路，眾多商業生計也都有賴於此。因此，是否進入這些具主導性的數位市場，如購買產品（例如在Amazon）或表達意見（例如在Facebook），或者尋找進入數位市場的路標（例如在Google），皆不能取決於這些私人企業的恣意決定。就像是國家，這些企業必須受到公平進入原則的拘束，也就是說，Facebook或Amazon若要排除任何人進入它們的平台，就必須要有定型化契約條款以外的堅強理由。這點德國聯邦憲法法院已經在足球場禁令的裁判中有所闡釋[67]。

除了進入數位平台的問題外，我們還需要針對數位平台的運作進行規範。

禁止自動生成的推薦

Facebook或YouTube的推薦演算法不止為極右派的觀點推波助瀾，還有對同性戀者或女性的仇恨，以及各種的陰謀論。疫苗注射極端反對者散發的訊息，尤其具危險性——這些反對者痛陳醫藥產業與醫療職業之間的邪惡聯盟，散布疫苗注射會導致自閉症，並會造成已消失疾病

（例如小兒麻痺症）的復發等錯誤觀念。因為有這些影音及PO文，在巴西有許多人相信施打疫苗會讓兒童感染茲卡病毒。拒絕施打疫苗不僅危及自己的小孩，也會影響其他接受疫苗而無效的人。因此，世界衛生組織於二〇一九年宣布：拒絕施打疫苗的人是全球的威脅。

不能讓Facebook及YouTube的演算法助長這種趨勢！自動生成的推薦若系統性地傳送極端主義者的發文，或利用高度情緒性的訊息把人們留在他們的頻道上，這樣的自動生成推薦就應該加以禁止。這樣的禁令雖然也會影響到其他的推薦，包括內容無害或有價值的推薦，但這些推薦未必需要系統性地生成，不難由其員工或其他可信賴的人來做。或者，推文的製作者可以使用標籤或關鍵字，讓類似的推文集結在一起。對於推薦演算法的禁令不會是一種對言論的事前審查，因為所有的影音及PO文仍然可以上傳及觀覽，任何人都無權從自動生成的推薦獲利。

捨此不為，只靠平台業者的自治，將會有所疏漏。因為過去的經驗顯示，IT平台業者的自發反應——如果有的話——都太晚了。況且，管制推薦演算法，對於這些企業來說，缺乏誘因，因為它們的賺錢之道，就是靠著把使用者留在平台上。

只不過，IT企業不僅不能用推薦演算法來賺錢，更不能使用我們的資料。

把IT企業轉換為資料受託人

歐盟《資料保護一般規則》（譯按：以下稱GDPR）[68]受到許多的批評，但這是歐盟立法至今最成功的一部法律。它建立了被遺忘的權利，也就是讓企業擁有的個人資料被刪除的可能性；它擴大了請求揭露資料的權利[69]；它保障了將個人資料帶往競爭者的權利。不過，最重要的是，GDPR有關違反資料保護規範的損害賠償與處罰規定。之所以重要，主要不是因為被處罰的企業須支付其全球年總收入的百分之四以下的罰鍰而受損甚大，而是因為該規則以大家都可以理解的方式彰顯了個人資料的價值。GDPR的成功同時表現在其全球的效應：歐盟是一個重要的市場，規模堪可與美國及中國比肩，因此其規範不能被忽視。所有在歐盟提供產品或服務的公司企業，若要蒐集或處理資料，即必須遵守GDPR的規定。自從劍橋分析醜聞爆發後，連在美國，例如加州，都以GDPR為範本進行資料法律的相關立法。

不過，歐盟GDPR或其他國家的類似規範仍有其界限。這些規範無法解決以下問題：IT公司穿透了我們最內在的自我，並且由此獲利；它們操控我們的手法，我們無法瞭解，也無法預見。美國傑克・巴爾金（Jack M. Balkin）教授[70]與喬納森・齊特林（Jonathan Zittrain）

教授[71]提出一項極具創意的見解，主張把ＩＴ企業轉換成資料受託人，讓企業只能基於我們的利益使用我們的資料，而不能為他們自己的利益，就如同醫院診所或律師事務所必須保守（客戶）資料的祕密，也不能使用這些資料來做廣告或其他形式的影響。如此一來，個人人格圖像或我們情緒狀態的利用將成為過去式，除非有利於我們。這意味的是，像Facebook或Google Maps之類的服務未來不能再靠個人化的廣告賺錢，若要這樣做，甚至要付費給我們。

但是，我們付費給這些企業已經有相當長的一段時間了，而且太貴了：用我們的資料。

管制演算法，資料的匿名化

產業界總愛抱怨，歐盟的資料保護法讓他們處於相對於美國企業較為不利的競爭地位。這是無稽之談！就算是沒有資料保護法，歐洲還是沒有創造出歐洲的Apple、Facebook、Google、Microsoft或Amazon等。歐洲國家有其不同的風險文化；在歐洲，金錢的流通沒有那麼自由；歐洲的市場不像美國那樣具有同質性。歐洲的市場沒有吸引那麼多的頂尖研究人員，反觀美國則走在科技的前沿。因此，AI在歐洲的發展，並非受阻於資料保護規範，而是另有其他因素。

演算法必須被監控。例如在德國，所有的產品都必須符合安全標準，每個人都認得TÜV標章[72]或CE標章[73]。在美國，則是由聯邦通訊委員會檢驗電子產品。同樣地，演算法也必須符合特定的標準，並且受到必要的監督，特別是如果演算法執行敏感任務時。敏感任務包括運用於醫療服務，或警察勤務，還有對於Facebook、Twitter或YouTube上面公共意見的大量影響。軟體的設計師必須負責，不管是不是出於他們自己的錯誤。如此嚴格的危險責任早已存在，例如汽車製造者的責任或寵物所有人的責任。

此外，用來訓練ＡＩ的敏感資料僅能以匿名的形式為之，但這並不容易。駭客已經示範如何容易地從資料連結出特定人，即使姓名、出生年月日、社會安全號碼被移除。儘管如此，匿名化還是可能的，且不需要放棄機器學習的機會，或者把此機會讓給美國或中國。例如，醫療研究已經利用敏感資料訓練ＡＩ，在沒有人可以進入的黑盒子裡進行。另外，還有一種數學方法可以修正資料記錄到可供機器學習的形式，且只供機器學習之用，在此之外，該資料毫無用處。Apple稱此種方法為「差分隱私」[74]，並且自豪地說：該公司已經可以讓ＡＩ與尊重消費者隱私相互契合。不管真實與否，眼前還沒有人檢驗過[75]。至於是否要求立法機關制定足以貫徹此等規範的法律，則取決於我們。

既然已到了這樣的地步，我們也該同時降低安全國家的雄性激素。

節制國家的權力！

監控只是一種症狀，疾病則是加劇非理性的恐懼。政治上製造人民的恐懼——不管是對犯罪、極端主義者的暴力，或異化[76]的恐懼——不費分文。事實上，德國目前的犯罪數字低於一九九二年以來的數字；德國不太可能是大規模恐怖攻擊的受害對象；外國人並不壞，只是不一樣。對於政治部門來說，透過嚴厲的安全法案和更為嚴格的政治庇護法來緩解已被引動的恐懼，同樣也不花半毛錢。不過，每一次的規範趨嚴，就拿走我們一點的自由，還有一些我們的人性，把個人的控制權轉交到國家手上。

數位化有利於權力的集中，不僅在經濟領域，亦及於政治。突然之間，有些人可以同步執行並監督多項的行動或任務，包括自動武器系統及武力的使用。如此巨大的權力掌握在一些人手上，必須被嚴格的限制在數位科技的使用。中國為我們展現了在建立完美的獨裁政權時，數位科技何其有用。

我們的安全將會變得完全地去人性化，如果我們把它交給ＡＩ，而不是由我們自己來負責。正是此時此刻，ＡＩ潛藏了巨大的危險，我們必須辨識並掌控之，在它全面被運用之前。

我們必須測試、監督並控制所有的ＡＩ

願望與現實世界之間，往往存有相當大的差距。截至二〇一九年秋天前，美國已有六個人死於自駕車的試驗中。有部分案例，原因出於自動駕駛儀的故障。不過，總的來說，自駕車造成的死亡數量還是少於人類駕駕駛所肇致的事故。無疑地，自動車——一旦廣泛使用——將會讓道路交通更為安全。但重要的是，要記得AI具有易犯錯的特性。畢竟實例顯示，AI在司法與警察勤務的廣泛使用，現在來看還太過自負，因為AI的運算過程常有誤差，也就是AI自身太過人工、欠缺智慧。

用來訓練AI辨識模型的資料，其本身就充滿了偏見。這些偏見同時被數位化，並且置入系統之中。智慧監視錄影機誤認黑人的臉，特別是黑人女人，相較於白人的臉，大約十倍以上。單從統計數字即可推出，自動搜尋恐怖份子時可能發生的錯認數字：如果用電腦化搜尋已知的恐怖份子，以每天在德國使用大眾交通工具的三千萬人來計算，就算最低的錯誤率是百分之〇・一，每天就會有三萬筆的錯認數。試想，當警察透過數據眼鏡裝置的訊號從人群中抓出一個人，並命其接受盤問、搜索及比對指紋時，這個人應否且如何向警察解釋以澄清自己的嫌疑，況且，即使得以澄清嫌疑，已經有諸多措施加諸於身了[77]。

因此，唯有ＡＩ不會歧視，且錯誤率降到利多於弊時，才能用來防制犯罪。光是做到和人類一樣的程度，還不夠。因為機器是以大量的方式在作決定，其影響的人數遠大於人類所作的決定；而且在決定的過程中，其缺點可能會被強化，因為我們很少質疑機器決定的正確性。

演算法不能被神聖化，對其批判不能被視為是一種褻瀆。因此，受演算法影響的人必須隨時可以對演算法的結果提出質疑；演算法必須是透明的，要讓受其影響之人可以理解。在演算法的運作完全不出問題之前，每一個重要的決定都必須由人類來審查——不管是應用在社會福利、法院的裁判，或監控措施。為了提高審查的動因，執行審查的人必須對其審查之事負起責任，甚至負行政懲戒責任。

而且，AI及國家絕不可以隨時隨地跟追我們，並且透視我們。

AfD測試、建立指標、安全法案失效機制

國家是一種奇怪的造物，服務、保護、照顧並提升我們，但同時又有生成自己生命的能力，與我們的利益背道而馳，也就是當事情變成個人化的時候：當一位部長想要贏得選舉或掩蓋不法行為的時候，當權力的貪婪與慾望超過義務與正直的時候，公共善就會因一己之私而蒙難。因此，我們不能盲目地信賴公權力，而必須緊盯其一舉一動。

以上所述，尤其適用在祕密勤務機關及警察身上。因為他們對於我們權利的尊重，決定了民主的命脈與枯榮。對於權利的尊重，不僅須在警察每日勤務中獲得證實，還需要在警察值勤所依據的法律中看到尊重權利的表現。法律允許（譯按：警察職權）的範圍越廣，限制我們權利的

判準越模糊，加諸在我們自由的危險就越大。因為，警察得否行動，越來越多是交給警察及其上級機關的裁量決定——而不是事後的法院。因此，法律必須儘可能地降低警察濫用的風險。

任何對警察或祕密勤務的新授權，都必須通過所謂「德國另類選擇測試」（AfD-Test）。試想：我們真的要把這樣的權限交給未來的民粹主義者及右翼政府行使嗎？例如像是「德國另類選擇」？巴伐利亞邦《警察任務法》中「可能發生之危險」之類的模糊概念，或者對於干預強度較高的措施，卻設定較低的發動門檻，例如可以對手機及電腦進行線上祕密搜索，這些規定都未通過嚴格的審查。

除了嚴格審查，我們還要對自由的限制設定上限。德國聯邦憲法法院曾正確地要求，對於新的安全法案必須在其作為「監控總量」的整體規範脈絡下進行理解[78]。這不只是要審認最新採取的步驟，還必須對過去已走過路徑軌跡進行整體性的評估。不過，此種計量取徑極其複雜。我們如何判定每一筆資料的重要性？對於整體的表面監控，其分量是否大於對少數人近距離的監視？究竟是取決於法律所定職權的數量，還是該職權在實務上運用的多寡？當資料被評價時——如何決定多少是太多？在法律實務上，對於監控權限進行監控總量管控的取徑，尚未扮演任何角色。但這方面必須改變，即使有上述的重重困難：我們應該對監控權力建立一套指標，我們可以設定一〇〇分作為對整體監控權力在某一個時點的評價值——並且設定未來的最高值，例如一〇二分。新法制定時，應——由獨立的專家進行評估——與現存的監控水平相比較。如果新法的授權超過了最高值，立法機關在通過新法前，即須刪減既有的監控措施。

此外，對於安全法案，我們還需要一套自動失效的機制，以避免實務上毫無用處的限制措施繼續留在法條上。這應該是自明之理。法治國的基本原則是，對於基本權利的干預皆須具備正當性理由。不過，德國的立法者在實務上則過於仰賴所謂的「立法評估特權」，而偏離了這項原則。基於聯邦憲法法院所允許的立法者的形成餘地，德國國會可以制定規範內涵不明確的法律。前述有關對飛航旅客資料的大量篩檢，即是其中一例。但是，如果措施的（有無）實效性可以被驗證的時候，立法形成餘地原則即不再適用。最長兩年過後，每一個安全法案就應該接受專家檢驗，如果實效性無法被驗證，即應立即廢止。

上述作法，可以讓國家不法關閉的虛擬及實體空間為之重新打開。

保存開放的空間

民主需要空間，需要討論、交換資訊及個人自由發展人格的空間，特別是讓不為多數所接受的行為或意見可以表現、又不虞被處罰的空間。當有人在政治上被迫害的時候，必須能夠在我們當中找到庇護之所；人們必須能夠信任媒體，當企業或政府部門內部有濫用權力時，可以扮演吹哨者的角色，而不怕遭到報復；人們必須在從事一定行為時不會受到歧視，例如與同性戀者或政治理念相同者往來並維持關係；人們必須能夠向外諮詢身患的疾病，還有如何面對成癮、扶養小孩的負擔、工作職場上的挫折，而不被嘲笑甚或被處罰。

因此，重要的是，國家必須維繫這些必要的自由空間，而不是將之限縮，尤其是虛擬空間。這裡提供少數族群、公民記者、吹哨者，以及那些求助者可以匿名地行使他們自由權利的可能性。因此，基於安全政策的考量，要求在網際網路上只能使用真實姓名，是相當危險的。

匿名性是一種保護。所謂Tor網站[79]的網路中，允許匿名的瀏覽，但同時也是「暗網」的港口，在此可以找到毒品、武器、兒童色情圖片，只是處罰經營此種網站，過於短視。因為絕大多數的入口網站對其活動都有其正當理由，包括避免被公司監控或被獨裁政府線上檢查。我們不會只因為毒品在若干公共停車場販售，就關閉所有的公共停車場，同樣地，對於虛擬空間的管制，亦應如此。

最後，我們想要設法關閉的是，憲法中提供給獨裁者的漏洞。

防制獨裁的憲法

我們不能仰賴聯邦憲法法院保護我們的自由。法院宣告法律無效，只因其逾越了憲法的界限。但是，我們對政治部門及對我們自己的訴求，不應該只是一直把自由推向極限——而是要在此界限之外，透過上述所提建議的落實，以滿足我們的訴求。

儘管如此，聯邦憲法法院的價值仍是無以倫比的。因為法院保護我們的自由免於受到最粗暴的干預。因此，聯邦憲法法院必須強化，包括財務的支援。製造醜聞多過反恐的聯邦憲法保護局[80]，年預算多達四億二千萬歐元；反觀聯邦憲法法院卻只有三千五百萬歐元，儘管憲法法院保護憲法要比憲法保護局好太多了。若有憲法保護局的預算，即可增加聯邦憲法法院的法官人數及其人員配置，讓法院得以在較短的時間內作出較多的裁判。

但是，誰來保護聯邦憲法法院？例如防止獨裁政府的干預，獨裁政府多半不喜受到法官的控制。德國《基本法》雖明定聯邦憲法法院的設立及其職權，但欠缺足夠的保護機制。《基本法》的修改門檻相當高：需要聯邦眾議院與聯邦參議院議員三分之二的決議才能通過。除了修憲外，敵視憲法法院的國會，比如說在波蘭及匈牙利，亦有可能染指憲法法院。例如修改憲法法院法官的選舉方式，這部分定於法律，而不是憲法。此外，國會亦可能增補現有兩庭各八位法官的人數（美國稱為Packing），或新增審判庭，賦予其審理重要程序的職權。又或者，剝奪聯邦憲法法院宣告違憲法律無效之可能性。為了保護聯邦憲法法院免於受到獨裁政權的影響，聯邦憲法法院的組成及其裁判的效力即須明定於較難修改的《基本法》中。

另一問題是，德國《基本法》不保障比例代表選舉制。在一個以比例代表制的民主制度中，國會反映出各政黨贏得選民的比例。德國就是這樣的制度。相對於此的模式，則是多數決原則（或稱「領先者當選」原則），一次只有一個黨勝選，也就是在一個選區裡由獲得最多選票的政黨勝選，其餘的選票則無意義。美國就是此種選制。多數決選舉制有利於兩黨政治；反之，比例代表制則朝向多黨政治體制。

何種制度比較好，正反意見各有主張。不過，在數位化的時代，兩黨政治最嚴重的不良效應是：數位化污染了溝通與討論，美國的發展證實此點。所有的重要議題都被簡化為正或反的主張：人為的氣候變遷存在或不存在；槍枝用來殺人或自衛？墮胎是言論自由或謀殺；移民是一種機會或巨大的威脅。每一件事情都被簡化為勝利或失敗、正確或錯誤、是或否、朋友或敵人。這樣的制度讓意見的細微差異變得毫無存在空間，對於我們時代所遭遇複雜的挑戰，要尋求較為廣泛解決方案，沒有空間。就如同電腦的二元模式，只有零和一的思考。

如今事實顯示，在比例代表制的國家，也有極端的意見，在這樣的氛圍下同樣也發生兩極化的現象。不過，這些極端意見是可以被輕易地辨識，而且也都是在極端政黨的平台上流傳。即使中間派政黨持此種立場，其危險性亦不大，就像美國於二〇一六年川普擔任總統之後的共和黨。在一個比例代表制的議會內閣制國家，極端主義者的意見很難獲得絕對的多數。就算是希特勒的政黨在建立一黨國家之前，也從未取得絕對的多數。因此，尚未採取比例代表制的國家，允應引進這項制度；其他已採行的國家，則應確保其未來的存續。德國《基本法》並未確保比例代表制，這點必須改變。

這些類似的建議無法保障防止極端主義的政治，但是阻止其成為絕對多數，則是重要的，因此這可以減緩國家的全面掌控，讓抗議與權力輪替仍有可能，在為時已晚之前。

但為了行動有效，我們必須加快腳步。

時間快要不夠了！

喬治．歐威爾（George Orwell）的銅像站在BBC倫敦總部的大廳，牆上碑文刻著：「如果自由意有所指，那就是一種權利：去告訴人們，他們不想聽的事。81」

這正是本書在做的事，也是我在德國自由協會擔任律師的每日工作——打憲法訴訟；同時是身為公民的訴求：我們必須為我們的自由而戰。

這場奮戰不是為了反對機器人。AI所存在的巨大危險，不是有朝一日AI會扼殺人性，而是因為AI會被人類用來摧毀自由。因此，我不反對將責任轉交給機器，而是反對把責任交給機器，但控制機器的人類，其所作所為不符合公共利益；反對把責任交給會歧視並摧毀我們自我意識和自信的機器；反對交給會全面掌控我們、預測我們一舉一動、把我們放在抽屜裡永不見天日的機器。

我們可以避免這些事情的發生。我們依然知道生而自由，但我們的後代可能會在動物園裡出生，愚昧，但是舒適；在無形高度智慧不間斷地監視之下，過著被無微不至的照顧、享受著各種娛樂，受保護免於遭遇任何逆境的生活，除此之外，一無所知。

如果我們不想讓我們的小孩過這樣的生活，如果我們相信下一代，以及所有人，在自由之下會比在演算法監控之下要來得幸福——如果我們還想要下一代保有尊嚴，那麼我們就必須行動！

是的，我們都有可能被操縱，容易感到害怕，而且安逸成習。但是，我們同樣也有能力認知到以上種種趨勢，並且可以抗拒企業、右翼民粹主義者，甚至國家的操控！我們必須質疑，IT企業和強調安全的政客們提供給我們的，果真為我們帶來益處，而不是損害。我們必須提出如上的訴求，選擇並支持保護我們自由的候選人及政黨。我們必須善用我們的市場力量及我們西方的理念及工具，護衛我們的價值。我們必須捨棄可替代的資料掠食者，並且選擇有利於我們自由的數位服務，哪怕要付費。

各位，請挺身而起，拯救人類最偉大的成就：我們的自決，我們的自由！

後記

這本小書《拯救我們的自由》，在李建良教授的引介之下，得以中文問世，令我深感欣喜。一方面，透過本書可以讓我與台灣的廣大讀者接觸，他們如其他國家人民一樣，在正面意義之下參與了數位化，同時又與中華人民共和國相對而立，後者運用數位工具來維持其極權統治；另一方面，藉由中譯出版之際，也讓我有機會檢視新近的一些發展。

本書寫於二〇一九年，在此之後，發生了太多的事情：COVID-19大流行震撼了整個世界；地球暖化帶來了越來越大的破壞力；還有，俄羅斯入侵烏克蘭，把歐洲捲入一場新的戰爭，一定程度也對台灣產生了不良影響；再加上，科技產業的發展更是飆速推進。這些產業科技給出的許諾，並沒有因此而減少，恰恰相反；同樣地，我對自由的擔憂也是有增無減，凡此皆拜大型語言模型（LLMs）凱旋進軍之賜，OpenAI開發的ChatGPT尤為佼佼者。

細說之前，請容我先對您剛剛讀到的內容提示一二：

一、監控的民營化，與日俱增。例如IT巨擘利用機器學習的軟體程式，辨識散發虐童或兒童性誘拐的訊息（兒童性虐待的相關素材），這是成年人——多半是年長男人——接近兒童的手法。但演算法相當容易出錯，導致大量的嫌疑錯判，甚至誤把寄發照片的兒童當作嫌疑人。科技的功效性能，還遠遠不到可以讓人相信的程度。

二、Twitter不在了，更名為X，重要的是：如同Meta（前身是Facebook）、Amazon和Alphabet（前身是Google），現在是由一位百萬富豪：伊隆·馬斯克，來決定數以百萬的人可以在上面寫什麼、讀到什麼，以及看到什麼。應該無人像馬斯克一樣，既是一個起伏不定、自我感覺良好的挑釁者，卻又能夠獨掌形成意見的網路平台。

三、極右派份子遭遇挫敗，卻仍然揮軍進擊。二〇二〇年，美國公民讓唐納．川普落選，但他又捲土重來，再次角逐白宮，儘管刑事官司纏身。他以Truth Social建立自己的社群網路，與他的跟隨者直接溝通，縱使伊隆．馬斯克解除了他在Twitter的封鎖。另外，雅伊爾．波索納洛（Jair Bolsonaro）也丟掉了巴西總統寶座。但是，一位極右派人士，喬治亞．梅洛尼（Giorgia Meloni）成了義大利的女總理。還有，越來越傾右的政黨「德國另類選擇」在選舉民調上旋風式地取得了百分之二十的支持；另方面，其他的民粹主義者，如匈牙利的奧班（Orbán）、波蘭的卡臣斯基（Kaczyński），以及印度的莫迪（Modi），則穩坐馬鞍，繼續執政。

四、中華人民共和國——未如預期——並未建立全面覆蓋、一致性的社會信用評分體系，但對人民數位監控的強度則絲毫未減。特別是在COVID-19大流行期間，數位監控——如同在其他一些國家——更為興盛，比如說，以防疫為託詞，針對性地限制政治積極人士的行動自由。此外，中國共產黨在疫情期間繼續優化審查制度，一如以往地強力壓制少數族群，並且持續進行資訊戰。中國政府在言語及行動上不斷強化恫嚇台灣的同時，對此島國的網路攻擊也越來越多。

最後一點，要回到其間可能是對世界改變最大的發展：大型語言模型的快速竄升。ChatGPT的聊天機器人比起之前所有的電腦程式都要來得聰明，益趨多面，更為靈活圓滑；能夠完美地組織複雜的文本、編造歷史、發現電腦程式碼的錯誤。光是這些就——確實——已讓人印象深刻。ChatGPT的後繼者，GPT-4，顯然更加厲害，凡此都令人振奮萬分。

幾乎同時響起的聲音是，要對聊天機器人的能力有所保留；認為這種程式實際上並不聰明，不會超越人類的能力。確實如此，GPT-4一再地犯錯、產生幻覺，甚至不受控：有一位美國的記者想要測試聊天機器人的極限，結果該機器人竟然表示愛上了他，甚至催促他離婚[82]。

然而，過於歡欣鼓舞或是極度悲觀的預言厄運，只會讓我們偏離原本應該討論的事情：我們正站在時代轉向的起點，究竟是引領我們走向極樂天堂，還是讓我們墮入毀滅的深淵。

在樂園裡，ChatGPT的後續發展將替我們處理諸多繁重的工作，為我們帶來若干具刺激性的娛樂，補充或取代醫學或法律等方面較為昂貴的服務，防止犯罪行為的發生，甚至自己發明新的技術。GPT-4通過美國的律師資格考試，成績勝過九成的人類考生；它可以依靠一定的單純圖案，寫出整個網頁的程式；往冰箱裡瞧上一眼，就可以給出晚餐的建議。以上總總生成於GPT-4存在的第一年，還會有更多；接下來的發展將越來越快。

只不過，GPT-4不單建議晚飯的食譜，還會教人製造危險的化學物品，或蠱惑人們傷害自己，甚至出主意，告訴人們如何用少於一美元的費用儘可能地殺死最多的人，或較委婉地說：可能殺死。由於它的創造人OpenAI已經認知到有這些危險，並封鎖了這項功能。因此，聊天機器人不再回答上述的問題。但是，企業家真的有辦法排除它被濫用嗎？在科技背後隱藏的巨大力量，一旦掌握在唯利是圖的美國公司手上，我們到底要如何看待這樣的事情？如果聊天機器人在極短的時間內讓數以百萬的人失去工作，我們該怎麼辦？如果備有武器系統、高度開發的AI有一天會發展成為自主生命，成為人類眼中對己身生存的威脅時，又該如何？

也許您會問，真的一定是樂園或是毀滅嗎？讓ＡＩ無縫嵌入我們的日常生活，就像ＡＩ出現之前的許許多多的新事物一樣，難道不是比較切合現實嗎？我認為，重點不在這裡。新科技需要依其潛在的發展來度量——正面或負面。核分裂的發現為能源問題的解決帶來了希望——同時也帶來了毀滅人類的可能，結果兩樣都沒有發生。但是，人類如果沒有想過人類可能會有毀滅的一天，並且設法有所反制，那麼我們也許早已經不存在了。

同樣地，關於ＡＩ的評價，從兩個方向來說，我們都需要勇氣：走向烏托邦（Utopie）與走向反烏托邦（Dystopie）。ＡＩ的創造者在建構烏托邦方面，游刃有餘，卻不擅於辨識工程的危險性及危機處理。這件事必須交由別人來做：社會，透過對ＡＩ問題進行比目前為止更加透徹的討論；立法者，透過對ＡＩ的嚴格規範；學術，透過探索如何節制科技大量且高速的運用。或許，我們也該自己來問問ＡＩ——只要ＡＩ還能提供我們資訊。

彼強．莫伊尼　柏林，二〇二三年八月

譯註

1 原文：Digitale Alter Egos，英文：digital alter egos，指使用者於數位空間中所呈現的資訊主體，與現實世界的自我享有不同的能力，如擁有傳輸大量數據資料、可隱匿性、跨越時空性等特性。參見Sarah Young, Your Digital Alter Ego – The Superhero/Villain You (Never) Wanted Transcending Space and Time?, *Computers and Composition,* 55 (2020), 102543。另一個類似概念是「數位孿生」（Digital Twins），指提供一新的技術介面，創造另一個「數位自我」。參見Roberto Saracco, Personal Digital Twins, A Third Evolution Step for Humankind?, https://digitalreality.ieee.org/images/files/pdf/4-2022personal-digital-twins-ebook-final.pdf.

2 原文：Künstliche Intelligenz（KI），英文：Artificial Intelligence（AI），為撙節篇幅，以下以AI行文。

3 原文：Sicherheitsstaat，英文：security state，指以安全為上的國家，於本書為帶有負面評價的用語。

4 原文：Mangeln，英文：mangles，一種紡織科技的軋布機。

5 原文：die Freiheit, frei zu sein，英文：the freedom to be free。此一概念為德國哲學家漢娜·鄂蘭（1906-1975）所提出，參見二〇一八年問世之Hannah Arendt, *The Freedom to*

be free，同年出版德譯本：Hannah Arendt, *Die Freiheit, frei zu sein*。本書內容原為鄂蘭的一篇英文「講稿」，寫於一九六六～一九六七年間，演講時間及地點不詳，生前未曾發表。該講稿於二〇一七年首刊於*New England Review*（Vol. 38, No. 2 (2017), pp. 56-69），翌年以書籍形式刊行。

6 漢娜・鄂蘭（1906-1975），德國猶太裔哲學家，於海德堡大學獲得哲學博士，納粹時期流亡美國，後取得美國國籍，於普林斯頓等大學任教，主要著作以英文撰寫，如：*The Origins of Totalitarianism*（《極權主義的起源》，一九五一年）、*The Human Condition*（《人的條件》，一九五八年）、*On Revolution*（《論革命》，一九六三年）等。

7 原文：Freiheit von Not，英文：freedom from want。此一用語最早為美國總統羅斯福於一九四一年一月六日向美國國會發表國政諮文提出的四大自由之一，通常譯為「免於匱乏的自由」。鄂蘭理解下的freedom from want，主要是精神層面的自由。本講稿寫於鄂蘭《論革命》（*On Revolution*）一書出版（一九六三年）之後，旨在延續該書有關革命與自由的命題，進而詮釋（經由革命）「被解放的自由」與（革命之後）「自由作主的自由」之間的關係，她從法國大革命論及「免於需求的自由」，略以：不管法國大革命是否成功，或有無帶來人類的平等，至少把窮人從晦暗中解放出來。自此以往，對於想要追求自由的人說，可以在不受需求左右的自由狀態下經營自由——自由作主的自由，這是少數人的特權，也就是不受外界影響、由己而出的自由。參見Hannah Arendt, *Die Freiheit, frei zu sein*, 2018, S. 28-29.

8 原文：Informationstechnik，英文：Information Technology，簡稱ＩＴ，為撙節篇幅，以下以ＩＴ行文。

9 Go，又稱Golang，指由Google開發的一種結構型（structural type system）、編譯型（compiled language）、並行計算（concurrent computing）及具有垃圾回收（garbage collection）功能的程式語言。參見https://go.dev/doc/devel/release#go1.20.minor.

10 原文：Captcha，為Completely Automated Public Turing test to tell Computers and Humans Apart的簡稱，全句的意義是：全自動區分電腦和人類的圖靈測試。參見Luis von Ahn, Manuel Blum, Nicholas J. Hopper, and John Langford, CAPTCHA: Using Hard AI Problems For Security, in: *International Conference on the Theory and Applications of Cryptographic Techniques*.

11 原文：Trainingsdatensatz，英文：data set used for training，Datensatz或dataset的字面意思是資料的集合，又稱資料集，用於機器學習的數據資料，參見https://www.clickworker.de/kunden-blog/datensaetze-fuer-maschinelles-lernen-eine-einfuehrung/.

12 Legal-Tech，全稱為Legal technology，指利用新興科技技術，包括ＡＩ及區塊鏈等技術，輔助或提高法律服務的效率與效能。參見IT Chronicles, Legal Technology, https://

itchronicles.com/legal-technology/.

13 原文：Predictive Policing，指用於警察勤務之演算法系統，透過數位資料分析，預測犯罪行為發生的可能性、地點、人員，並預擬可能採取的措施。參見Tobias Knobloch, *Vor die Lage kommen: Predictive Policing in Deutschland*, 2019, S. 8; Hans-Heinrich Trute/Simone Kuhlmann, Predictive Policing als Formen polizeilicher Wissensgenerierung, *GSZ* 2021, 103 ff.

14 即Bahnhof Berlin Südkreuz，一座塔樓多層型車站（Turmbahnhof），位於柏林南方天培爾霍夫—舍納貝格（Tempelhof-Schöneberg）區，為長途公車、區域及跨區鐵路列車的交會共用車站。

15 原文：Miku Hatsune（初音未來），為克理普敦未來媒體（Crypton Future Media）公司於二〇〇七年推出的虛擬女性偶像歌手，曾發表多首熱門電子音樂創作。參見Miku Hatsune, Wikipedia, https://zh.wikipedia.org/zh-tw/%E5%88%9D%E9%9F%B3%E6%9C%AA%E4%BE%86.

16 原文：Das Recht auf informationelle Selbstbestimmung，為德國聯邦憲法法院於一九八三年一則有關人口普查法裁判所提出（BVerfGE 65, 1 ff.），即所謂「人口普查判決」（Volkszählungsurteil）。為因應數位時代對人權帶來之影響，德國聯邦憲法法院於二〇〇八年一則有關線上搜索判決中再提出另一新興基本權（BVerfGE

120, 274），即「確保於資訊技術系統私密性與整全性之基本權」（Grundrecht auf Gewährleistung der Vertraulichkeit und Integrität informationstechnischer Systeme），一般稱為「IT基本權」、「電腦基本權」或「數位隱私基本權」（Grundrecht auf digitale Intimsphäre），參見Markus Beckedahl, Wie nennen wir denn jetzt das neue Grundrecht?, netzpolitik.org 2008, https://netzpolitik.org/2008/wie-nennen-wir-denn-jetzt-das-neue-grundrecht/；相關案例，參見Die Gesellschaft für Freiheitsrechte e.V. (GFF), Freiheit im digitalen Zeitalter, 40 Fälle, https://freiheitsrechte.org/themen/freiheit-im-digitalen.

17 原文：Datenbrillen，英文：data goggles，泛稱可穿戴於頭部的目視電腦裝置，透過該裝置使用者得以獲得一定的資訊，又稱「智慧眼鏡」（smart glasses）或「穿戴的電腦」（wearable computing），Steve Mann, Wearable Computing: A First Step Toward Personal Imaging, *IEEE Computer*, Vol. 30, Nr. 2, 1997, pp. 25-32, http://wearcam.org/ieeecomputer/r2025.htm. 數據眼鏡的功能多樣，可作為體驗虛擬實境（Virtual Reality, VR）或擴增實境（Augmented Reality, AR）的技術裝置，亦可作為接收或判別目視周圍人或物的資訊，後者引發隱私權保護的疑慮。參見Helmut Lurtz/Erkan Bicer, Im Auge des Datenschutzes – Haushaltsausnahme bei Datenbrillen, ZD-Aktuell 2020, 07115; Peter Gola/Stephan Pötters, in: Gola/Heckmann, *Datenschutz-Grundverordnung, Bundesdatenschutzgesetz*, 3. Aufl., 2022, BDSG § 26 Rn. 164.

18 原文：KI-Cracks，英文：AI brains。Crack有破解之意，引伸為熟悉ＡＩ技術的專家，為德文語境的通俗用語。例如一則關於ＡＩ人文反思的書籍簡介中提及：「對於KI-Cracks（ＡＩ行家）來說，書中內容無甚新意，本書亦非為其而寫。（Für KI-Cracks findet sich hier wenig neues und für die ist das Buch sowieso nicht gedacht.）」參見Manuela Lenzen, Künstliche Intelligenz: Fakten, Chancen, Risiken, https://www.trust-zine.de/kuenstliche-intelligenz-fakten-chancen-risiken-manuela-lenzen/.

19 二〇一〇年美國國會選舉期間，Facebook於平台上設有供使用者勾選「我已投票」（I Voted）的欄位，並將已投票者顯示在好友群組的置頂訊息，此舉讓該次選舉的投票率提升約二%。參見Dara Lind, Facebook's "I Voted" sticker was a secret experiment on its users, https://www.vox.com/2014/11/4/7154641/midterm-elections-2014-voted-facebook-friends-vote-polls; Inga Kiderra, Facebook Boosts Voter Turnout, https://today.ucsd.edu/story/facebook_fuels_the_friend_vote.

20 劍橋分析（Cambridge Analytica）是英國一家資料探勘與分析公司，二〇一八年三月間，據公司前執行長亞力山大．尼克斯（Alexander Nix）私下透露：該公司在二〇一六年美國總統選舉期間不當取得Facebook用戶的個人資料，並進行分析，再根據分析結果製作個人化的訊息，投放給美國中間選民，以影響選舉結果。消息曝光，引起軒然大波，尼克斯隨即被劍橋分析公司暫停職務，Facebook則對外說明其對於用戶個人資料遭外洩及不當使用並不知情，且嚴守保護用戶個人資料規範。劍橋分析公司雖亦否認其事，但因輿論撻伐，客戶大量流失，再加上各項調查及訴訟費用不斷增加，於二〇一八年五月宣布停止營運，並申請破產。相關爭議，參見Eric Auchard, David Ingram, Cambridge Analytica CEO claims influence on U.S. election, Facebook questioned, https://www.reuters.com/article/us-facebook-cambridge-analytica-idUSKBN1GW1SG.

21 原文：Serverfarmen，英文server farms，指伺服器的大量聚集，並串連電腦系統，形成數據中心。經由伺服器的集中化管理及相互支援，以提升其功能及易接近性。參見Serverfarmen, in: Wörterbuch Wortbedeutung.info: https://www.wortbedeutung.info/Serverfarmen/; GIGABYTE, Server farm, https://www.gigabyte.com/Glossary/server-farm.

22 原文：Verschwörungstheorien，英文：conspiracy theories，此種理論指稱某些有權者在某種屏障背後從事虛實莫辨的密謀，用來操縱特定事件的後續發展。例如「全球暖化否定論」，論者宣稱地球暖化並非出於人為因素，地球暖化是人類造成的說法是基於政治及經濟動機，目的在牟取利益或導入特定的政策。根據學者麥克·巴肯（Michael Barkun）分析，陰謀論法是：凡事皆出於偶然、凡事皆非如其表面所現、凡事皆須相互關連、綜合觀之。陰謀論通常會誇大密謀性與連結性，並刻意強調某些事件背後的主觀（陰謀）意圖（參見Michael Barkun, *A Culture of Conspiracy, Apocalyptic Visions in Contemporary America*, Berkeley-Los Angeles 2003, pp. 3-4）。相關文獻，參見Ute Caumanns/Mathias Niendorf (Hrsg.), Verschwörungstheorien. Anthropologische Konstanten – Historische Varianten, 2001; Michael Butter, "*Nichts ist, wie es scheint*": *Über Verschwörungstheorien*, 2018, S. 105-114; Michael Butter, Verschwörungstheorien: Eine Einführung, https://www.bpb.de/shop/zeitschriften/apuz/verschwoerungstheorien-2021/339276/verschwoerungstheorien-eine-einfuehrung/.

23 原文：Kinder sexualisieren (Sexualisierung von Kindern)，英文：sexualize children (sexualization of children)，性化一詞，指涉在特定的脈絡下引起人對性的感知，例如某物的呈現方式在特定的詮釋下可以讓觀看者產生性的念頭。性化經常與性別歧視並用，特別是將某一性別（主要是女性）貶抑為一種性客體（參見Martha C. Nussbaum, *Sex & Social Justice*, 1999, pp. 29-47）。以兒童為性化對象，其負面影響的層面尤廣且深。在數位化時代，經由生成式ＡＩ產製的兒童性化圖片及影音，被稱為「掠奪性軍備競賽」（predatory arms race），其殺傷力的嚴重程度更甚於以往。參見Drew Harwell, AI-generated child sex images spawn new nightmare for the web, https://www.washingtonpost.com/technology/2023/06/19/artificial-intelligence-child-sex-abuse-images/.

24 肖莎娜．祖博夫（1951-），美國哈佛大學商學院榮譽退休教授，於二〇一四年發表〈數位宣言：大數據作為監控資本主義〉（A Digital Declaration: Big Data as Surveillance Capitalism）一文；繼之，於二〇一九年出版《監控資本主義時代：於權力新前沿為人類未來而戰》（*The Age of Surveillance Capitalism: The Fight for a Human Future at the New Frontier of Power*），提出「監控資本主義」的概念，用以凸顯人類的（線上）行為與經驗被片面地轉換成一種行為剩餘價值（behavioral surplus），被數位資本家所剝削。此種新的資本化產品在「行為市場」上進行交易。

25 二〇一八年十月二十七日，美國賓夕法尼亞州匹茲堡發生一起槍擊事件，案發地點在一間猶太教堂，名為「生命之樹」，又稱「歡樂之光」（Tree of Life – Or L'Simcha Congregation）。據報導，一名白人男子進入教堂，朝人群開槍，導致十一人罹難。參見Dan Tuohy, Pittsburgh Synagogue Shooting Called Domestic Terrorism, https://www.nhpr.org/nh-news/2018-10-29/pittsburgh-synagogue-shooting-called-domestic-terrorism#stream/0.

26 瓦爾特・呂貝克（1953-2019），德國基督教民主聯盟（基民黨）黨員，曾任黑森邦議會議員，二〇〇九年起任黑森邦卡瑟爾行政區（Regierungsbezirk Kassel）區長。據報導，二〇一九年六月二日，呂貝克於自宅遭新納粹主義極端份子槍殺，兇手同年六月十五日被捕，並承認犯行，經調查這是一宗有計畫的政治謀殺。二〇一五年，呂貝克於公開場合呼籲德國應接納難民，其發言並經YouTube而廣為轉傳。參見Katharina Iskandar/Helmut Schwan, Lübcke wurde “aus nächster Nähe” erschossen, https://www.faz.net/aktuell/rhein-main/walter-luebcke-wurde-aus-naechster-naehe-erschossen-16219920.

html; Andreas Förste, Walter Lübcke stand schon früher auf einer Todesliste, https://www.berliner-zeitung.de/politik-gesellschaft/walter-luebcke-stand-schon-frueher-auf-einer-todesliste-li.84923.

27 二〇二〇年二月十九日，德國黑森邦哈瑙（Hanau）發生兩起槍擊事件。據報導，一名四十三歲男子於兩家水煙吧持槍殺人，有九人遭到殺害，兇手之後在家中自殺身亡，其母亦被其所殺。兇手為極右翼極端份子和新納粹主義者，罹難者多有移民背景，其中有五人為土耳其人。參見Anschlag in Hanau, https://www.bpb.de/kurz-knapp/hintergrund-aktuell/505333/19-februar-2020-anschlag-in-hanau/.

28 二〇二一年一月六日，美國總統大選期間發生美國國會大廈騷擾事件，時任美國總統川普的支持者暴力闖入美國國會大廈。據報導，當日川普在Twitter發文稱「Please support our Capitol Police and Law Enforcement. They are truly on the side of our Country. Stay peaceful!」。Twitter公司刪除該文，並警告川普不要繼續煽動暴力活動。但川普持續發文，Twitter乃於同年一月八日宣布永久封禁川普的帳號及其團隊的官方帳號。二〇二二年十月，伊隆·馬斯克（Elon Musk, 1971-）收購Twitter，並舉行一次是否恢復川普帳號的「用戶公投」，結果百分之五十二（同意）對百分之四十八（反對），於同年十一月十九日恢復川普的帳號。參見Jay Peters, Twitch disables Trump's account indefinitely, The Verge, https://www.theverge.com/2021/1/7/22219144/twitch-trump-ban-

indefinitely-capitol-attack.; Elon Musk restores Trump's Twitter account, https://www.washingtonpost.com/technology/2022/11/19/trump-musk-twitter/.

29 德國另類選擇（Alternative für Deutschland），二〇一三年二月六日創黨。

30 原文：Russische Propaganda，英文Russian propaganda channels，指於俄羅斯由國家成立的宣傳系統，專為政府部門進行政治宣傳。參見David Frum, The Great Russian Disinformation Campaign, in: *The Atlantic*, 1. July 2018, https://www.theatlantic.com/ideas/archive/2018/07/the-great-russian-disinformation-campaign/564032/.

31 原文：Framing，德文：Rahmung，為媒體及傳播學上的概念，指一種將複雜的資訊透過篩選以敘事建構方式嵌入特定主題的意見操控過程。基本觀念，參見Jörg Matthes, *Framing. Konzepte. Ansätze der Medien- und Kommunikationswissenschaft*, 2014.

32 原文：Russische Trollfabriken，英文：russisch troll factories，又稱Troll-Armee（字義：拖曳軍隊），或Russian web brigades（字義：俄羅斯網路縱隊），意指俄羅斯政府之隱藏組織，旨在操縱網路（言論）。透過虛擬身分，也就是所謂「馬甲」（Sockenpuppen, sockpuppet），營造有利於俄羅斯政府的線上網路及社群媒體之公共意見。參見Russische Trollfabriken – Wie der Kreml Meinung macht, https://www.netzpiloten.de/russische-trollfabriken-wie-der-kreml-meinung-macht/.

33 原文：Rohingya，為一居住於緬甸境內，信奉伊斯蘭教的少數民族，受到緬甸政府長期歧視、迫害及軍事鎮壓。二〇一七年，緬甸政府對於羅興亞人發動種族清洗的政治宣傳，嗣爆發羅興亞難民危機。經國際特赦組織的調查，Facebook扮演重要角色。參見Amnesty International, *The Social Atrocity: Meta and the Right to Remedy for the Rohingya*, 2022, pp. 26-37.

34 雅伊爾．波索納洛（1955-），巴西政治人物，二〇一八年加入巴西社會自由黨，並於同（二〇一八）年當選巴西總統。二〇二二年十月，波索納洛在總統大選以些微票數不敵前總統盧拉（Luiz Inácio Lula da Silva），連任失敗，卸任前兩天離開巴西，前往美國。二〇二三年一月，波索納洛的支持者集結群眾闖入巴西的國會大廈、最高法院及總統府，抗議總統選舉結果。當局出動鎮暴警察及安全部隊平亂，據報導，超過四百人被捕。對此，波索納洛發表聲明否認鼓動支持者，並且譴責這起抗議行動。參見Bolsonaro supporters storm Brazilian Congress, https://edition.cnn.com/world/live-news/bolsonaro-supporters-riot-brazil-congress-01-08-23/index.html; 'A cowardly and vile attack': Over 400 arrested after Bolsonaro supporters storm Brazil's Congress, https://www.cnbc.com/2023/01/09/over-400-arrested-after-bolsonaro-supporters-storm-brazils-congress.html.

35 所謂「抽乾沼澤」，原文：Drain the Swamp，為川普二〇一六年競選總統的口號，意指從根本上徹底地改變華盛頓的政治生態。Drain的字面意思是抽乾；Swamp則指沼澤、濕地。Drain the swamp最早起源於瘧疾在歐美國家大規模傳播的年代。https://cn.nytimes.com/world/20161129/tc28wod-swamp/zh-hant/.

36 即Freiheitliche Partei Österreichs（FPÖ），一九五六年四月七日創黨。

37 維克多·歐爾班（1963-），匈牙利極右翼政治人物，現任匈牙利總理，青年民主主義者聯盟（Fidesz Party）主席。青年民主主義者聯盟全名為「青年民主主義者聯盟－匈牙利公民聯盟」（Fidesz – Magyar Polgári Szövetség），創立於一九九三年，歐爾班為首任暨現任黨主席（自二〇〇三年迄今）。二〇二二年九月十五日，歐洲議會通過決議，認定匈牙利不再是一個完全民主國家，而是一個「選舉形式之獨裁政權的混合政體」（a hybrid regime of electoral autocracy），嚴重違反歐盟民主規範之精神。參見MEPs: Hungary can no longer be considered a full democracy, https://www.europarl.europa.eu/news/en/press-room/20220909IPR40137/meps-hungary-can-no-longer-be-considered-a-full-democracy.

38 比利時透過電子化之系統，識別並統計無就業動力之未就業民眾。參見Rodrigo Fernandez, Alexander Hijzen, Daniele Pacifico and Stefan Thewissen, Identifying and addressing employment barriers in Belgium and Norway, Implementing the OECD Jobs Strategy, 2020, https://www.oecd.org/employment/jobs-strategy/implementation/JS-Implementation-Note-Belgium-FINAL.pdf.

39 此為丹麥國家社會研究中心（The Danish National Centre for Social Research）執行之研究，參見Mogens N. Christoffersen, Cherie Armour, Mathias Lasgaard, Tonny E. Andersen and Ask Elklit, The Prevalence of Four Types of Childhood Maltreatment in Denmark, in: *Clin Pract Epidemiol Ment Health*, 2013; 9: 149-156.

40 全稱：Bundesnachrichtendienst (BND)，為直屬聯邦總理府（Bundeskanzleramt）的聯邦最高行政機關（Bundesoberbehörde），負責外國民情及軍事情資的調查，與聯邦憲法保護局（Bundesamt für Verfassungsschutz, BfV）及軍事反情報局（Militärischer Abschirmdienst, MAD）構成德國三大情報機關。官方網址：www.bnd.bund.de.

41 愛德華・史諾登（1983-），前美國中央情報局（CIA）雇員，美國國家安全局（NSA）外包技術人員（sub-contractee），二〇一三年五月離職，同年六月於香港將美國國家安全局有關稜鏡計畫（PRISM）監聽專案祕密文件透露給英國《衛報》（*The Guardian*）和美國《華盛頓郵報》（*The Washington Post*），並接受訪問，訊息公開後，引發全球震驚，史諾登則遭美國通緝。據報導，史諾登離開香港前往莫斯科，於二〇二〇年十月取得俄羅斯永久居留權；二〇二二年九月二十六日，獲得俄羅斯公民身分。參見Putin grants Russian citizenship to U.S. whistleblower Snowden, https://www.reuters.com/world/europe/putin-grants-russian-citizenship-us-whistleblower-edward-snowden-2022-09-26/.

42 二〇二二年九月二十日，歐洲聯盟法院（Court of Justice of the European Union, CJEU）針對德國電信法（Telekommunikationsgesetz）有關課予資訊業者儲存其客戶資料的規定作成判決，指出：除對國家安全構成嚴重威脅之例外情形外，歐盟法不允許普遍且無差別之通聯紀錄儲存。判決全文，參見：https://curia.europa.eu/juris/document/document.jsf;jsessionid=3BD1D127D7963B3F22874CA84FDB2448?text=&docid=265881&pageIndex=0&doclang=EN&mode=req&dir=&occ=first&part=1&cid=342478/.相關討論，參見Alexander Roßnagel, Vorratsdatenspeicherung – was geht noch und was nicht mehr?, Einordnung und Handlungsmöglichkeiten nach der neueren EuGH-Rechtsprechung, *ZD* 2022, 650 ff.

43 全稱：Bundeskriminalamt (BKA)，為隸屬於聯邦內政暨國土部（Bundesministerium des Innern und für Heimat）（下稱聯邦內政部）的聯邦最高行政機關，與各邦刑事機關合作負責國內犯罪防制，與聯邦警察（Bundespolizei, BPOL）及德國眾議院警察（Polizei beim Deutschen Bundestag, BTPol）構成德國聯邦三大刑事機關。官方網址：www.bka.de.

44 原文：Spähsoftware，英文：spy software，指一種功率強大的監控程式，可以祕密地安裝於目標對象的數位設備裝置上，監控使用者所有通訊活動，包括通話、簡訊、電郵、社群媒體的對話與聊天紀錄等。二〇二二年，歐洲發生以色列NSO集團研發的間諜軟體Pegasus被廣泛用於監控政治敵手、媒體代表、人權工作者及國家政要，引起歐洲各國關切。歐盟議會於二〇二三年六月作成決議，指名匈牙利、波蘭、希臘、賽浦路斯及西班牙，要求其進行全面調查，並採取相關防範措施。參見Spähsoftware: Parlament fordert umfassende Untersuchungen und Schutzvorkehrungen, https://www.europarl.europa.eu/news/de/press-room/20230609IPR96217/spahsoftware-parlament-fordert-umfassende-untersuchungen-und-schutzvorkehrungen.

45 原文：Gestapo，Geheime Staatspolizei的簡稱，意思是祕密國家警察，德國納粹時期的政治特務。

46 原文：Stasi，Staatssicherheit的簡稱，機關全名是：Ministerium für Staatssicherheit（國家安全部），東德時期的情報和祕密警察機關。

47 原文：drohende Gefahr。依巴伐利亞邦《警察任務法》（Polizeiaufgabengesetz）第十一a條第一項規定：「於本法第十一條第一項及第二項要件不存在時，為釐清事實並阻止對重要法益所生之危險，警察得採取必要之措施，如……可預期不久之未來將發生重大強度或重大影響之危害（具威脅性之危險）者……」此項規定是否合憲，德國學說頗多爭議，參見Markus Möstl, Eingriffsschwellen in den novellierten Landespolizeigesetzen–Von drohenden, konkreten und dringenden Gefahren nach BVerfGE 141, 220, *GSZ* 2021, 89 ff.

48 Palantir Technologies是一家美國軟體和服務公司，其發展用於名為「高譚」（Gotham）的反恐技術程式，廣為各國使用，德國亦不例外。黑森邦政府於二〇一七年從 Palantir 公司取得「高譚」程式，並以「hessenDATA」為名實際運用。二〇一八年，黑森邦立法機關立法賦予使用此項技術之法律依據，以符合憲法對資訊自決權之保護要求，結果引發該等規定是否違憲之憲法訴訟。德國聯邦憲法法院於二〇二三年二月十六日作成判決，宣告部分規定違憲。參見BVerfG, Landesrechtliche Ermächtigungen der Polizei – automatisierte Datenanalyse, *NJW* 2023, 1196 ff.; Johann Vasel, Verfassung-sgerichtliche Fesseln? – Das Karlsruher Urteil zur automatisierten Datenanalyse, *NJW* 2023, 1174 ff.

49 原文：Generalverdacht，指未有具體事實根據之犯罪嫌疑，且不以特定個人為對象，而是以一般不特定之多數人或族群的嫌疑對象。此種犯罪嫌疑之成立，通常被認為違反無罪推定原則。相關討論，參見Florian Deusch/Tobias Eggendorfe, Generalverdacht durch Verschlüsselung?, *K&R* 2022, 404 ff.

50 霍斯特．傑霍夫（1949-），二〇一八年至二〇二一年擔任德國聯邦內政部部長，於二〇一九年一次線上訪談時，針對當時提出於聯邦眾議院被名為「資料交換法」（Datenaustauschgesetz）有關移民管制的法案表示：我們的立法策略，就是把法律條文弄得複雜一點，如此就不會引起注意。此言一出，引發眾怒。事後，傑霍夫解釋這只是一種略帶諷刺的說法，強調法案的內容沒有問題。參見https://www.sueddeutsche.de/politik/seehofer-datenaustauschgesetz-1.4479069; https://www.spiegel.de/politik/deutschland/horst-seehofer-kritik-wegen-aeusserungen-zu-gesetzestexten-a-1271346.html

51 FamilyTree DNA是美國一家成立於二〇〇〇年的基因檢測公司——Gene by Gene公司的部門，該部門主要專於研究家族之間的基因關係，二〇二一年一月為澳洲基因檢測公司MyDNA併購。參見Chris Mathews (2021-01-08), Houston-based Gene by Gene and FamilyTreeDNA acquired by Australian firm, https://www.bizjournals.com/houston/news/2021/01/08/gene-by-gene-familytreedna-mydna-australia.html#:~:text=and%20FamilyTreeDNA%20were%20acquired%20by,directors%20of%20the%20combined%20firm.

52 原文：The New Silk Road，亦稱一帶一路（Belt and Road Initiative, BRI），為中國政府於二〇一三年提出的發展政策，旨在藉由大量投資鐵路、高速公路、能源管線等基礎設施的建設，以建構東亞對歐洲及非洲、拉丁美洲等地區的經貿交流。參見Council on Foreign Relations, 2023, China's Massive Belt and Road Initiative, https://www.cfr.org/backgrounder/chinas-massive-belt-and-road-initiative.

53 據媒體報導，中國透過雙邊協議於全球各地設立一百多個國外警察局，用以監控中國公民於境外的行為，參見Nina dos Santos, Exclusive: China operating over 100 police

stations across the world with the help of some host nations, report claims, CNN, 2022, https://edition.cnn.com/2022/12/04/world/china-overseas-police-stations-intl-cmd/index.html.

54 原文：Auch Harald profitiert von Fatimas Freiheit. Harald是德國典型的姓氏，代表在德國的多數；Fatima則是土耳其典型的姓氏，代表在德國的少數。此一意涵，承蒙本書作者解釋，謹此致謝。

55 艾立克．史密特（1955-），於二〇〇一年到二〇一一年在Google擔任CEO。二〇二三年三月八日，史密特以證人身分出席美國眾議院舉行的聽證會，主題：Advances in AI: Are We Ready for a Tech Revolution?，強調生成式AI的發展與影響力，並提醒國會應及早建立相關規範。https://oversight.house.gov/hearing/advances-in-ai-are-we-ready-for-a-tech-revolution/.

56 出處：Holman W. Jenkins Jr., Google and the Search for the Future, The Web icon's CEO on the mobile computing revolution, the future of newspapers, and privacy in the digital age, https://www.wsj.com/articles/SB10001424052748704901104575423294099527212.

57 「世界幸福報告」（the World Happiness Report），由聯合國永續發展解決方案網絡（UN Sustainable Development Solutions Network）出版，以蓋洛普世界民意調查為基礎，並以人均國內生產毛額、社會救助、預期健康壽命、自由程度、慷慨程度、貪污程度為標準，給予全球各國〇至十分的幸福程度評價。參見https://worldhappiness.report/about/.

58 埃里希・凱斯特納（1899 -1974），德國作家、詩人、編劇和諷刺作家，他的作品包含幽默、詩歌、兒童讀物。他在一九六〇年獲得國際安徒生作家獎，被譽為西德戰後兒童文學之父。

59 出處：Erich Kästner, *Über das Verbrennen von Büchern*, 7. Aufl., 2022, S. 29，這一本收錄埃里希・凱斯特納所寫關於「焚書」的小集子，引句出自其中一篇一九五八年首刊於報紙的演講稿，記述一九三三年五月十日納粹在柏林歌劇院廣場上焚書的經過，燒毀了大約兩萬本書，凱斯特納在現場見證了整個過程，他的書也在焚燒之列。這段引句的起頭是：Die Ereignisse von 1933 bis 1945 hätten spätestens 1928 bekämpft werden müssen. Später war es zu spät.（一九三三年至一九四五年發生的種種事件，最晚應該在一九二八年就要開始抗爭。在此之後，一切都太遲了。）

60 參見Noah Kirsch (January 9, 2019), Jeff Bezos, World's Richest Person, Announces Divorce After 25 Years Of Marriage, Forbes, https://www.forbes.com/sites/noahkirsch/2019/01/09/jeff-bezos-worlds-richest-person-announces-divorce-after-25-years-of-marriage/?sh=180cf95917db.

61 瑪格麗特・維斯塔格（1968-），丹麥社會自由黨黨員，自二〇一九年起擔任歐盟執委會優先專案：契合數位時代的歐洲（European Commission for A Europe Fit for the Digital Age）執行副召集人。參見 https://commissioners.ec.europa.eu/margrethe-vestager_en.

62 原文：Netzwerkeffekten，英文：network effects，指網路的使用者越多、其價值越高的一種現象。經由越來越多的參與使用，網路效應會促進網路本身的改善，再吸引更多的使用者加入。網路效應亦顯現在社群媒體，如Twitter、Facebook、YouTube等。參見Caroline Banton, Network Effect: What It Is, How It Works, Pros and Cons, INVESTOPEDIA, https://www.investopedia.com/terms/n/network-effect.asp.

63 MySpace是一家於二〇〇三年成立，總公司位於美國的社群網路服務公司。MySpace作為社群網路服務網站，能提供使用者調整個人檔案頁面、撰寫部落格，並可嵌入各類影片、音樂、圖像素材之個人化服務內容。另外，在Friend Space的Top Friends部分，依地區與版本差異，使用者可選擇特定好友資訊呈現於此。參見Myspace, Your Account, HELP CENTER, https://help.myspace.com/hc/en-us.

64 StudiVZ是一個於二〇〇五年，由Ehssan Dariani與Dennis Bemmann成立的歐洲德語區之學生社群網路服務平台。於二〇〇七年，StudiVZ被當時的贊助商Georg von Holtzbrinck Publishing Group買下，並針對不同客群發行不同版本的社群網路服務平台。於二〇〇九年，StudiVZ曾擁有多達一千五百萬名用戶，但因其網頁排版、特徵，以及服務提供方式，與Facebook（現為Meta）過於相似，故在二〇〇八年於美國加州遭Facebook起訴（No. 5:08-cv-03468）。爾後，經過幾次的服務方式轉換，該平台已於二〇二二年三月終止服務。參見Facebook, Inc. v. Studivz, Ltd et al., No. 5:08-cv-03468, https://cases.justia.com/federal/district-courts/california/candce/5:2008cv03468/205349/155/0.pdf.

65 Threema是一款付費的即時通訊應用程式，可用於IOS和Android操作系統。該軟體不需要電話號碼或其他任何個人身分資訊就能使用。這在一定程度上有助於使用者匿名化。使用者可以通過該應用發送簡訊、進行語音和視訊通話，傳送多媒體、位置、語音訊息和檔案。使用者可以在電腦上使用Threema的網路應用程式，但前提是使用者必須在手機上安裝Threema。Threema是由瑞士公司Threema GmbH所開發。產品伺服器位於瑞士。截至二〇二〇年一月，Threema擁有八百萬使用者。截至二〇一九年一月，有三千家公司和組織使用了商業版Threema Work。Daniel Schurter, Die Schweizer Antwort auf WhatsApp [The Swiss answer to WhatsApp].

66 原文：Interoperabilität，英文：interoperability，泛指兩個或多個系統或構成部分之間相互連結、彼此作用（例如交換資訊）的能力，可運用於各種資訊系統之間，例如物聯網，參見https://www.ias.uni-stuttgart.de/service/begriffslexikon/bedeutung-der-interoperabilitaet-fuer-das-internet-der-dinge/. 資訊系統的相互操作性，係建立在一組可

供系統共用的開放標準（或密碼），可透過不同系統間之約定，國家亦得強制規定，此處所稱相互操作性，係指後者情形。

67 指德國聯邦憲法法院於二〇一八年四月十一日作成之裁定，所謂「禁入足球場案」（Stadionverbot），緣某球迷於某足球場觀看足球比賽時，在現場鼓動鬧事。事後，德國足球協會禁止該名球迷進入協會所屬全德的足球場。球迷不服，向法院起訴，請求撤銷該項禁令。經審理，憲法法院雖駁回訴訟，但於理由中指出足球場觀眾亦受到憲法平等原則的保護，足球場經營者不得濫用權利，任意排除觀眾進入球場。參見BVerfG, *NVwZ* 2018, 813。相關文獻，參見Marco Staake, Stadionverbote und Grundrechtsschutz, *SpuRt* 2018, 138; Christoph Smets, Die Stadionverbotsentscheidung des BVerfG und die Umwälzung der Grundrechtssicherung auf Private, *NVwZ* 2019, 34; Matthias Ruffert, Privatrechtswirkung der Grundrechte, Von Lüth zum Stadionverbot – und darüber hinaus?, *JuS* 2020, 1.

68 原文：Datenschutzgrundverordnung，縮寫DSGVO，英文：General Data Protection Regulation，縮寫GDPR。為撙節篇幅，以下以GDPR行文。

69 原文：Informations- und Auskunftsrechte，英文：the rights to data disclosure，定於GDPR第十五條，其賦予資料主體得向資料控制者請求告知其個人資料之權利；換言之，依該條規定，資料控制者負有依請求提供資料主體有關資訊之義務。義務人包括自然人，例如商號或自由業例如律師，以及所有私法團體，例如公司、財團法人等。參見Lorenz Franck, in: Gola/Heckmann, *Datenschutz-Grundverordnung, Bundesdatenschutzgesetz,* 3. Aufl., 2022, DS-GVO Art. 15 Rn. 29 f.

70 傑克・巴爾金（1956-），美國耶魯大學法學院教授，提出「資訊受託人」（information fiduciary）的觀念與主張，作為數位產業與社群媒體平台主的法律與倫理義務。他將使用者與數位產業之間的關係，比擬成醫師與病人、律師與客戶之間的關係，病人或法律求助者既需要信賴醫師或律師，同時又易受其傷害，因此法律應課予數位產業如同醫師或律師的信託義務。換言之，數位產業為其使用者的「數位資訊受託人」，必須尊重使用者的資訊隱私權，不得恣意利用或操控使用者的資訊。參見Jack M. Balkin, Information Fiduciaries and the First Amendment, 49 U.C. Davis L. Rev. 1183 (2016); Jack M. Balkin, The Three Laws of Robotics in the Age of Big Data, 78 OHIO ST. L. J. 1217 (2017).

71 喬納森・齊特林（1969-），美國哈佛大學法學院教授，為該校伯克曼網際網路與社會研究中心（Berkman Klein Center for Internet & Society）創始人之一。二〇一九年，祖克柏訪問哈佛大學法學院，與學生互動，由齊特林主持並對談。齊特林援引巴爾金教授的「資訊受託人」概念，提出Facebook是否應成為其用戶資訊受託人的問題，例如對其用戶負有忠誠義務等。參見Kim Wright, At Harvard Law, Zittrain and Zuckerberg

discuss encryption, 'information fiduciaries' and targeted advertisements, Harvard Law Today, https://hls.harvard.edu/today/at-harvard-law-zittrain-and-zuckerberg-discuss-encryption-information-fiduciaries-and-targeted-advertisements/.

72 原文：TÜV，Technischer Überwachungsverein的縮寫，字義是：技術監督協會，為德國檢驗產品安全與環境安全的非官方組織，成立於一八六六年，為依法律授權受委託行使公權力（Beleihungen）之私法組織，其所為之檢驗具有公法上之法律效力。

73 原文：CE，為歐盟產品合格的標誌，官方並無正式全稱說明，一般認為是法文Conformité Européenne（「符合歐盟」）的簡稱。

74 原文：differential privacy，一種保護個人隱私的匿名方法，即以數學方法將資料庫中的資料進行匿名化，再將匿名化之資料提供給他人使用，確保匿名化之資料無法回溯於資料庫中的特定個人。此種方法主要是用於各種統計分析及資料大量處理，如資料探勘（Data Mining）、模型訓練（Model Training）等，最早由電腦科學家辛西亞・德沃克（Cynthia Dwork）、法蘭克・麥雪瑞（Frank McSherry）等人於二〇〇六年研發。由於用於機器學習的數據集越大，需要遮閉的辨識點數量越多，則再識別化的風險也就越高，從而匿名化的方法越要細緻。支持「差分隱私」方法者，通常強調此種匿名方法的細緻性，既可去除再識別化的風險，又可保有資料的可分析性。參見Boel Nelson, Differential Privacy – A Balancing Act, 2021, https://research.chalmers.

se/publication/523824; Elise Devaux, What is Differential Privacy: definition, mechanisms, and examples, STATICE, https://www.statice.ai/post/what-is-differential-privacy-definition-mechanisms-examples; Peter Hense Taeger/Pohle, Computerrechts-Handbuch, Werkstand: 37. EL Mai 2022, 33.2 Projektspezifischer Datenschutz, Rn. 74.

75 ＩＴ企業使用「差分隱私」者，不以Apple為限，而學界對此方法提出批評或質疑者，不乏其例，如：Eugene Bagdasaryan, Omid Poursaeed, and Vitaly Shmatikov, Differential Privacy Has Disparate Impact on Model Accuracy, 2019, https://papers.nips.cc/paper_files/paper/2019/file/fc0de4e0396fff257ea362983c2dda5a-Paper.pdf; Paul Francis, Dear Differential Privacy, Put Up or Shut Up, 2020, https://paul-francis.medium.com/dear-differential-privacy-put-up-or-shut-up-48ff255ec35.

76 原文：Überfremdung，英文：alienation。德語Überfremdung的字義是：過度外化，引伸為異化，政治流行語，異化來源不一，指涉意涵多元，於政治領域多指外來影響（例如移民），於經濟領域主要是（外國）資本，曾於一九九三年入選為「年度流行語」（Unwort des Jahres），一種反對外國移民的表面理由。參見https://www.unwortdesjahres.net/unwort/das-unwort-seit-1991/.

77 本句意涵，得本書作者的釋疑與引伸，謹此致謝。

78 原文：Überwachungsgesamtrechnung，此一觀念係由德國聯邦憲法法院於二〇一〇年一則有關資料貯存（Vorratsdatenspeicherung）之判決中所提出（BVerfGE 125, 260），本件主要涉及德國為落實歐盟指令修改電信法，增設電信業者貯存其客戶資料義務規定，引發是否牴觸比例原則之憲法疑義，聯邦憲法法院雖認定相關規定符合比例原則，但同時要求立法者未來若要新增干預措施時，必須盤整所有相關監控措施，並進行總量管制。此一憲法要求如何操作，對於法律的合比例性憲法控制是否產生影響，德國學者討論多年，目前仍持續探討中。文獻極夥，僅列最早及最近之主要文獻：Alexander Roßnagel, Die “Überwachungs-Gesamtrechnung” – Das BVerfG und die Vorratsdatenspeicherung, *NJW* 2010, 1238 ff.; Ralf Poscher/Michael Kilchling/Lukas Landerer, Ein Überwachungsbarometer für Deutschland, Entwicklung eines Konzeptes zur periodischen Erfassung staatlicher Überwachungsmaßnahmen, *GSZ* 2021, 225 ff.; Markus Löffelmann, Eingriffsintensität und Eingriffsschwelle. Eine Formel für den Gesetzgeber, *GSZ* 2023, 92 ff.

79 Tor為The Onion Router的縮寫，意思是「洋蔥路由器」，取其資料傳遞過程經過一層層的非對稱式加密包裝、形成類似洋蔥狀資料結構之意，為一種「覆蓋網路」（overlay network），層數取決於資料傳輸過程經過的節點數，資料在每一節點會重新解密與加密，任一節點皆無法知道資料傳送端與目的端的確切位置，故能有效隱匿使用者的網路行蹤。參見Damon McCoy, Kevin Bauer, Dirk Gruwald et al., Shining Light

in Dark Places: Understanding the Tor Network, in: *Privacy Enhancing Technologies* 63, 63-65 (Nikita Borisov, Ian Goldberg eds., 2008).

80 原文：Bundesamt für Verfassungsschutz，隸屬於德國聯邦內政部，職掌德國國內安全情報工作，主要負責監控德國聯邦境內有關危及自由民主基本秩序之行為。

81 原文：If liberty means anything at all it means the right to tell people what they do not want to hear. 喬治．歐威爾的銅像由馬丁．詹寧斯（Martin Jennings）所鑄，於二〇一七年十一月七日揭幕。該句話出自歐威爾於一九四五年所著The Freedom of the Press一文，原為《動物農莊》（*Animal Farm*）一書的序文，於出版時被要求刪除。參見https://www.orwell.ru/library/novels/Animal_Farm/english/efp_go.

82 《紐約時報》專欄作家凱文．魯斯（Kevin Roose）使用微軟開發的Bing聊天功能，在長時間的對話中，Bing自稱是Sydney，想要成為人類，並對魯斯示愛。儘管魯斯後來試著變換話題，且表示已婚，但Sydney還是不斷地表達愛意，甚且直言魯斯其實並不愛他的配偶。參見Kevin Roose, Published Feb. 16, 2023, Updated Feb. 17, 2023, Bing's A.I. Chat:'I Want to Be Alive.', https://www.nytimes.com/2023/02/16/technology/bing-chatbot-transcript.html

（本譯註引用的網路資料，最後瀏覽日期均為：二〇二四年一月八日）

國家圖書館出版品預行編目（CIP）資料

拯救我們的自由：數位時代的起床號 / 彼強．莫伊尼（Bijan Moini）著；李建良譯. -- 初版. -- 臺北市：遠流出版事業股份有限公司, 2024.02

面； 公分

譯自：Rettet die Freiheit! : Ein Weckruf im digitalen Zeitalter

ISBN 978-626-361-420-8（平裝）

1. CST: 資訊社會 2. CST: 權力 3. CST: 自由

541.415 112020609

拯救我們的自由：數位時代的起床號

Rettet die Freiheit!: Ein Weckruf im digitalen Zeitalter

作　　者——彼強．莫伊尼 Bijan Moini
譯　　者——李建良
主　　編——曾淑正
內頁設計——陳春惠
封面設計——萬勝安
企　　劃——葉玫玉

發行人——王榮文
出版發行——遠流出版事業股份有限公司
地址——台北市中山北路一段11號13樓
劃撥帳號——0189456-1
電話——(02) 25710297　傳真——(02) 25710197

著作權顧問——蕭雄淋律師
2024年2月16日 初版一刷
售價：新台幣330元
缺頁或破損的書，請寄回更換

ISBN 978-626-361-420-8（平裝）

遠流博識網 http://www.ylib.com　E-mail: ylib@ylib.com